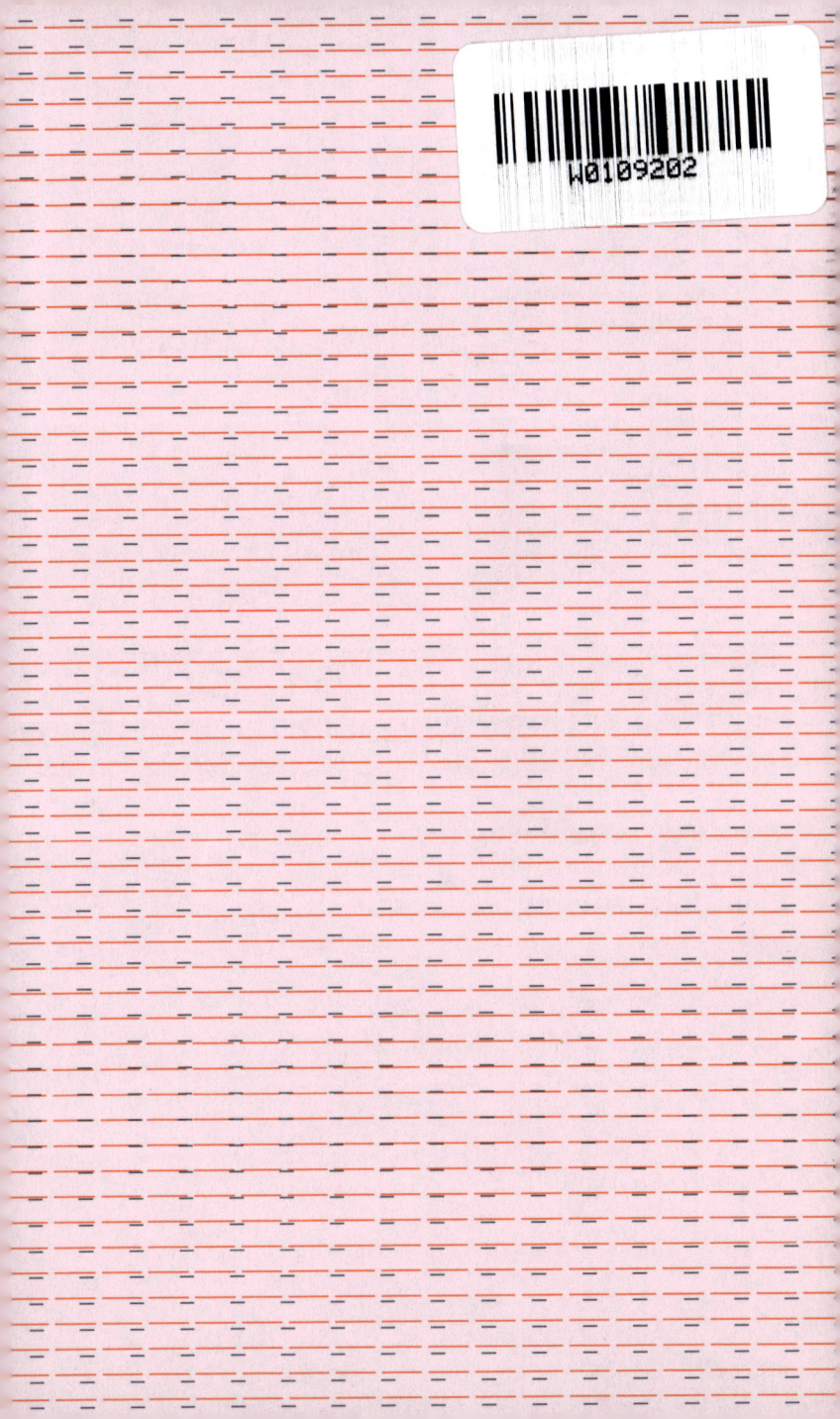

«Ich versuche, mich aus den Trümmern einer Welt herauszuarbeiten,
mit nichts als einer kleinen Feder»

(René Schickele *Maria Capponi*)

René Schickele auf der Rheinbrücke zwischen Breisach und Neuf-Brisach, um 1930

RENÉ SCHICKELE

«Das Wort hat einen neuen Sinn»

Prosa, Lyrik, Essays, Briefe

—

Herausgegeben
von Christian Luckscheiter
und Hansgeorg Schmidt-Bergmann
im Auftrag der Literarischen Gesellschaft
Karlsruhe

=

Jahresgabe
der Literarischen Gesellschaft/Scheffelbund
2014

MITTELDEUTSCHER VERLAG

Inhalt

Autobiographische Notizen

Von meinem Schreibtisch blicke ich über den Rhein in meine Heimat, das Elsaß, und wenn ich hinüberfahre, zücke ich an der Grenze, die seit 1918 wieder der Rhein bildet, einen französischen Paß. Trotz des französischen Passes bin ich Mitglied der Sektion für Dichtung an der Preußischen Akademie der Künste in Berlin, kurz: Deutsche Dichterakademie genannt. Bis zu seinem viel zu frühen Tod hielt dagegen mein einziger Bruder, der o. Professor und Direktor der gynäkologischen Universitätsklinik in Straßburg, seine Vorlesungen in französischer Sprache. Im Kriege hatte er als deutscher Stabsarzt unserm Vetter Antoine, dem französischen Generaloberarzt, gegenüber gestanden. So geht es in unsern Familien zu. Deutschland und Frankreich berühren sich so dicht, daß die Beteiligten sich oft selbst nicht mehr recht auskennen.

Im übrigen ist meine Heimat ein Land voll lebensfreudiger, eß- und trinkfester, heiterer, spottlustiger Menschen, die es gewohnt sind, ihren Rücken den Launen der geschichtlichen Wechselfälle hinzuhalten und meist nur im Ärger oder politischer Geschäfte halber ein Aufheben machen. Es wären die ruhigsten, verträglichsten Staatsbürger, wenn man sie in Ruhe ließe, ich meine, wenn man nicht immerfort versuchte, einen Gewissenszwang auf sie auszuüben. Wird dieser Zwang zu stark, dann freilich fahren sie aus der Haut und sind schwer wieder hineinzubringen.

Was mich anlangt, so halte ich mich nicht für besser und, wenn ich aufrichtig sein soll, auch nicht für schlechter als meine Landsleute. Meine Herkunft ist mein Schicksal. Ich hätte vielleicht manches der Form nach besser machen können, aber nicht dem Wesen nach. Ich wurde am 4. August 1883 in Oberehnheim im Elsaß geboren, als Sohn eines Weingutsbesitzers, eines echten Elsässers, also deutschsprachigen Alemannen, der aber eine ebenso echte Französin zur Frau hatte – meine Mutter starb hochbetagt, ohne Deutsch zu verstehn, ich glaube, sie hat es auch nie im Ernst lernen wollen. Auch ich gab mir erst wenig Mühe, so daß meine Lehrer (die nach dem Krieg von 1870 aus Deutschland in meine Heimat eingewandert waren) mich ein wenig wie ein Negerkind behandelten. Aber schon fünf Jahre später schrieb das Negerkind die besten deutschen Aufsätze. Ich weiß heute noch nicht, wie das kam. Zu Hause sprach ich nach wie vor französisch.

Ich besuchte das Gymnasium in Zabern und Straßburg und ließ mich 1901 in Straßburg an der naturwissenschaftlichen Fakultät immatrikulieren. Gleichzeitig gründete ich die kleine Zeitschrift *Der Stürmer*. Sie konnte nur paar Monate leben. 1902 erschienen meine ersten Gedichte, *Sommernächte*, die die Ehre erfuhren, von dem damals maßgebenden Ratgeber des *Kunstwarts* als der beste Gedichtband des Jahres bezeichnet zu werden. Daraufhin ging ich auf Wanderschaft. Die Universitäten München, Paris, Berlin sahen mich flüchtig in ihren Räumen auftauchen, später folgten Reisen durch ganz Europa, nach Griechenland, Kleinasien, Nordafrika, Indien. Es gab Jahre, in denen ich keine Zeile schrieb, andre, in denen ich monatelang nicht vom Schreibtisch wegkam.

Mit 21 Jahren heiratete ich Aenne Brandenburg aus Barmen. Ich hatte eine gutbezahlte Stellung als Redakteur der Berliner Verlagsfirma Herm. Seemann Nachfolger und Herausgeber der Zeitschrift *Das neue Magazin*. Es ging uns zu gut, und so zögerten meine Frau und ich keinen Augenblick, dem Rat der Verlagsdirektoren zu folgen und uns auch finanziell an dem so sichtlich blühenden Geschäft zu beteiligen. Als gerade unser erster Sohn zur Welt kommen sollte, erschoß sich der eine Direktor, und die Firma machte Bankerott. Wir verloren alles, was wir besaßen, und sahen uns plötzlich auf das Berliner Pflaster gesetzt, das ein unvergeßlicher, milder Novemberregen noch besonders glitschig machte. Sehr verwundert, aber in kindlichem Vertrauen auf den Stern, der uns zusammengeführt hatte, zogen wir in eine billigere Wohnung nach Charlottenburg, mußten aber noch jahrelang die Miete der alten Wohnung weiter zahlen, weil es dem Hausbesitzer angeblich nicht gelang, die Wohnung anderweitig zu vermieten. Die Ehre gebot uns, unsern Familien die Katastrophe zu verheimlichen. Unsre Lage wurde dadurch nicht besser. Ich schlug mich mit journalistischen Arbeiten durch, mehr schlecht als recht, als aber 1907 mein erster Roman *Der Fremde* erschien, ging es plötzlich aufwärts. Nachdem ich bisher nur Aufnahme in den kleinen Blättern der Avantgarde gefunden hatte, öffneten mir jetzt die großen Zeitungen und Zeitschriften ihre Spalten, und 1909 schickte mich ein Verlag als sein Vertreter nach Paris. Dort wurde ich Korrespondent der *Straßburger Neuen Zeitung*, deren Chefredaktion ich 1911 übernahm. Während dieses Pariser Aufenthalts schloß ich den Gedichtband *Weiß und Rot* ab und schrieb die Erzählung *Meine Freundin Lo* und das Zeitbuch *Schreie auf dem Boulevard*.

Obwohl ich in Straßburg unter den günstigsten Umständen arbeitete, hatte ich von dem Zeitungsbetrieb bald genug, die

Politik, täglich in so kräftigen Dosen genossen, machte mich krank.

Als wir uns entschlossen, wieder nach Berlin zu gehn, zogen wir auf der Landkarte in einem Abstand von 100 Kilometern einen Kreis um Berlin, und zwischen der Peripherie Berlins und diesem Kreis suchten wir einen Wohnort. So kamen wir nach Fürstenberg in Mecklenburg. Unser Haus lag zwischen zwei Seen, von denen man auf der Havel und durch Kanäle in andre Seen gelangte, wir besaßen ein Motorboot und ein Segelboot, es war eine schöne, fruchtbare Zeit. In Fürstenberg schrieb ich den Roman *Benkal der Frauentröster*, ein halbes Dutzend Erzählungen, den Gedichtband *Die Leibwache* und, bald nach Kriegsausbruch, das Schauspiel *Hans im Schnakenloch*. Zu Weihnachten 1914 waren wir wieder in Berlin. Wir hatten uns in Fürstenberg nicht mehr halten können. Die Gründe findet man im Vorwort zur Neuauflage des *Hans im Schnakenloch*.

Januar 1915 übernahm ich die Herausgabe der *Weißen Blätter*, im Herbst des gleichen Jahres siedelte ich mit ihnen in die Schweiz über. Ich wohnte erst in Zürich, dann in Mannenbach am Untersee, dann in Bern, wo mich die überraschende Kunde von dem großen Erfolg des *Hans im Schnakenloch* erreichte. (Er sollte allein in Berlin mehr als hundertmal über die Bühne gehn und von fast allen großen deutschen Theatern gespielt werden.) Schließlich landete ich in Uttwil am Bodensee. In kurzer Zeit bildete sich da eine richtige kleine Kolonie: Annette Kolb, Henry van de Velde, Carl Sternheim. 1919 verließ ich die Schweiz, gab bald darauf die *Weißen Blätter* ab und wohne seit 1920, unheimlich seßhaft geworden, in Badenweiler. Mein Haus hat mein Landsmann Paul Schmitthenner gebaut. Hier habe ich die drei Bände des *Erbes am Rhein*, den Roman *Sympho-*

nie für Jazz, das Zeitbuch *Die Grenze* und die *Himmlische Landschaft* geschrieben.

Von meinen Reisen erzähle ich nichts, weil ich fürchte, ich könnte sonst nicht mehr aufhören.

Ich wurde in Oberehnheim geboren und nicht, wie seit drei Jahrhunderten alle Schickele, einige Kilometer entfernt, in Mutzig, am Eingang des Breuschtals, wo ihr Weinberg lag. Der Grund war, daß mein Vater gerade ein politisches Gastspiel absolvierte und als Kantonskommissar und Amtsanwalt den Kanton Oberehnheim regierte.

In jeder Generation werden die Schickele von einem politischen Fieber befallen, das sie zum Narren macht. Manchmal erwischt es auch ein weibliches Glied der Familie. In den meisten Fällen wickelt sich die Krankheit ohne ärztliche Hilfe ab, und man erkennt die Heilung daran, daß der Schickele, der gerade an der Reihe ist, eines Tages ohne sichtlichen Grund, aber wie gejagt aus der Arena flieht und sich für den Rest seiner Tage in seinen Garten einsperrt. So kehrte auch mein Vater im besten Mannesalter zu seinem Mutziger Weinberg zurück. Ein gesunder Zorn auf die Verwaltung und alle Politik (ohne Unterschied von Parteien und Nationen) erhielt ihn noch dreißig Jahre am Leben, während deren er versuchte, sich unter den Ausbrüchen seines wilden Temperaments die Weisheit und das Lächeln Epikurs anzueignen, eine Beschäftigung, die ihn ebenso in Atem hielt, als ob seine Reben auf dem Hang eines fleißig spuckenden Vulkans gelegen hätten.

Als ihn um die Achtzig herum der Schlag traf, war sein erstes Wort, voll maßlosen Staunens: «Das fängt früh an!» Es war auch sein letztes.

II

Meine Mutter dagegen kränkelte zwanzig Jahre, und doch freute sie sich eines jeden Tages, der ihr als Geschenk vom Himmel fiel. Sie war fromm und heiter, und nächst Gott liebte sie am meisten das Leben – das Leben, wie immer es sei.

Von meinen zwei Söhnen ist einer Landwirt geworden, freilich ein ‹Papierbauer› mit Staats- und Doktordiplom, der andre schließt aus der Tatsache, daß er vorzüglich Auto fährt, auf seine angeborene Begabung zum Ingenieur.

Sommernächte

Südliche, bleiche Sommernacht über einem grenzenlosen Feld
Von Sonnenblumen ...
Am Rand des Myrtenhains, der in ein Meer
Von Düften gebadet träumt, steh ich
Und seh ins Sonnenblumenfeld: die Fäuste
Gegen die keuchende Brust gepreßt, mit stierem
Aug – seh ich in die gelbflammende Unendlichkeit,
Auf der das Mondlicht schmilzt.

Aufschreien möcht ich, wahnsinnig schluchzen durch
Die Nacht, die mich in ihren Flammen und Düften umfangen hält –
Doch meine Kehle schnürt mir zu die Angst,
Die schreckliche Angst, so zu enden – im Traum!

Leben in Exzessen

Mein lieber Brandenburg.

Schnell, bevor ich ins ‹Leben› gehe, ein paar Worte, die ich
Ihnen wohl schuldig bin.

Weihnachten kann ich natürlich nicht hinauf – Mensch, wenn
ich M. 40 übrig hätte – Na, also: ein paar Monde später.

Und da werde ich sehr wahr und sehr vernünftig mit Ihnen
reden über die verfluchte ‹Existenz›, die wir Dichter nun einmal auch ‹menschlich› *haben* müssen. Dunkel ist der Rede
Sinn, aber Sie verstehen. Ich will Ihnen um Gottes willen nicht
sagen: Tun Sie wie ich. Ich bin unter Blitz und Donner nach
Schluß von Unterprima ausgetreten (nun sind's 15 Monate her
mindestens), weil ich eben auf dem kath. Gymnasium ein gar
heidnisch Leben führen wollte und gar argen Lehren mich aus-
geliefert hatte. Der Aktschluß war großartig, sag ich Ihnen.

Es ist mir gelungen, mich immatrikulieren zu lassen, und so
studier ich halt Naturwissenschaften und Philosophie.

Wir sprechen also davon. Ich habe die Schiffe hinter mir abge-
brannt, denn ein Staatsexamen mach ich beileibe nicht.

Das brauchte ich: so ganz *vis-à-vis de rien*! Und eine Photogra-
phie besitze ich *nicht*. Als *hier*!

Mein Lehrer hat mir einmal, als ihm meine satanische Ironie
zu dumm wurde, versichert, ich hätte eine ‹tierische Physiognomie›. Also eine tierische Physiognomie sieht so aus:

Die Haare wachsen wie sie wollen, ganz wie auf dem Schnei-
derschen Bild. Zuweilen auch anders. Dann die Stirn – appolli-
nisch, die Nase dagegen um so dionysischer. Die hat eine

Physiognomie für sich, wirklich. Sie erinnert an einen Lämmer-
geier (es will mich einer so malen, kriegen Abzug!), oder sie
erinnert an einen Vulkan. Die Zähne sind Raubtierzähne
und harmonieren mit Haar und Nase. Das Kinn ist mädchen-
haft, die Wangenrundung ebenfalls feminin, der Mund
ein Mädchenmund – also Sie sehen: mein *Pan*. Ganz und gar.
Und so ist auch die Mischung meines inneren Ich.
Mein Kompliment!

R.S.

Straßburg, 28.2.03

[…]

Ich lebe nur in Exzessen, die mich lieben und hassen, meinen:
daran muß er zugrunde gehen. Mit dem Tod kokettiere
ich schon lang nicht mehr, aber ich fühl ihn in der Faust sitzen,
und sein Bild gibt mir die Folie für meinen Lebenswahnsinn
ab, ich bin so ruhig geworden, seit ich mich vollgetrunken habe
von seinen Schauern, seit er mir im Blut liegt, und erst seit
dieser Zeit der Reife bin ich stark und von unbegrenzter
Schöpferkraft. Amen. […] A propos, was Sie von meiner ‹Welt›
sagen, ist mir wohl bewußt. Ich weiß ganz genau, daß selbst
meine zärtlichsten Verehrer vom eigentlichen Wesen dieser
Kunst nicht mehr als eine Ahnung haben. Die Besten fühlen
den neuen Ton heraus, sie berauschen sich an den Farben-
symphonien, der Musik der Gedanken – aber es geht ihnen
nicht ohne Rest auf. Abwarten, ich werde sie daran gewöhnen,
mit jedem neuen Werk wird ihnen klarer werden, und der
große Genuß wird das Ganze sein, diese ganze tiefe, hohe,
weite Welt, die mir selber Wunder ist, in der ich zu traum-

wandeln scheine. Aber ich lebe mit jedem Nervchen in ihr –
wie soll ich da mit der Außenwelt nicht überworfen sein, wie
kann es da anders sein, als daß mich nur noch die Neugier von
Zeit zu Zeit an sie fesselt, daß ich sie aber sonst trete wie einen
untreuen Hund. Daran geht man zugrunde? Nein! ich glaube
an die Zaubermacht meiner eigentlichen Welt, an die Sieger-
macht ihrer vielen, vielen Sonnen, und die gehen mir nie
unter! – Ich bin wirklich gespannt, wie wir auskommen.
Ich habe viele Freunde und nur einen einzigen bis heute.
Eben – ich gehe ihnen auch nicht ohne Rest auf, ich bin ihnen
zu ‹saumäßig kompliziert› und sie wissen nicht, warum sie
mich trotzdem so lieben müssen. Die innerste Reserve, die ich
wahre, tut ihnen weh – aber sie sollten doch das in meinem
Schaffen suchen, da allein kann ich es geben. Ich glaube,
es ist gut, wenn ich Ihnen diese paar Anhaltspunkte gebe, denn
ich hab Sie lieb und möchte nicht, daß Sie auf mich herein-
fallen, auf meinen ‹Catonischen Skeptizismus› und meine
gottlose Zauberei. Die Eltern meiner Freunde verfluchen mich,
die ganzen politischen Parteien verfluchen mich, Kirche und
Staat möchten mich am liebsten verbrennen, weil ich das Erste
predige, was nottut, den Wahnsinn der Freiheit, die Freiheit
über allem, den Rausch über allem Leid, die Heroika der einzelnen bis in den Abgrund hinab, den Schönheitswahnsinn der
großen Linie, Stilgefühl fürs Leben, die Tat, den Helden.
Und hol's der Teufel, wenn man auch 30 Jahre früher abkratzt –
es war eine Heldenweise, die mich leicht hinübertrug.
Und die Jugend, die das einmal ins Tiefste erkannt hat, wird
mit der großen Verzweiflung kämpfen, die das Ungeheuerste
vollbringt, weil ihr kein Preis zu gering ist. Und das wird *unser*
Zeitalter sein, Teuerster!
Freund Flake rückt mir auf die Bude – Salve!

R. S.

Geistige Anarchie

Der Künstler ist ein Naturphänomen, wie ein Krieg, ein Vulkanausbruch ... wie Mitternachtssonnen. Es ist ganz gleich, ob Du sagst ‹schön›, ob ‹schrecklich› – er i s t und entwickelt sich aus seinen Anlagen heraus ihrem Höhepunkt entgegen. Alles außer ihm, alles, was für ihn nicht Licht und Luft und Nahrung ist, alle Vernunft berührt ihn nicht, das Gefühl der treibenden Natur belebt ihn, sein Gefühl, das hinabreicht in die tiefsten Eingeweiden der Erde. Er ist kein ‹Wunder›, nur eine Pflanze, die endlich hat erblühen dürfen, frei und groß – und Pflanze sein, Kosmos. [...]

Die Dichtung ist kein ‹schöner Schein, der über die öde Alltäglichkeit hinwegtäuscht›. Die Dichtung i s t, sie gehört nur außerhalb alles Gemachten, aller Kultur im schlechten Sinne, hinaus in die Berge. ‹Naturvölker› sind Dichtervölker. Ihr Götterglaube ist eine Dichtung, ihre Sprache ... Was um sie lebt, deutlich und verborgen, was sie in sich ahnen, das muß hinaus, hinauf und sich dort ausleben. Das sind Götter. Ihre Sprache: wie der Baum spricht und die Quelle und der Sturm sprechen sie ... ihre Laute nach. Sie sehen und hören mit denselben Augen und Ohren, die ihnen entgegenblicken und s i e verstehen.

Prinz Karneval

Der G e i s t d e s G r o t e s k e n ist es, der sich jetzt wieder mächtig regt, die Freude an der verschnörkelten, aber großartig ‹amüsanten› Linie, aus der, sieht man genauer hin, Arme und Beine und Köpfe und allerhand Leutchen werden, die vor unseren Augen herumtanzen und sich vor Lachen krümmen. Die Phantasie ist Prinz Karneval und zieht in jauchzender königlicher Narretei durch die engen Straßen der Altstadt. Aus den Fenstern gucken die Bürgersleute hervor, die ehrsamen und die anderen, die einen erbost, die andern mit vergnüglichem Schmunzeln – und wie Prinz Karneval vorbeizieht, fangen alle Köpfe zu tanzen an, sie grinsen und fauchen – ‹Noch ein Glas, Frau Wirtin! 's wird früh ...›

Pan

Aber der große Pan liebte ihn und nahm ihn in seine Hut, weil der Knabe ihm das Beste seiner Seele gab. Paul war bei ihm, wenn der Morgen graute, und der Tau fiel auf ihn von den Ästen der Bäume, von den Sträuchern, durch die er sich seinen Weg bahnte; das Gras näßte seine Füße, die Kleider funkelten. Der Gesang der Vögel schwamm durchsichtig in der Frische der Morgenstunden, wenn sich eine zarte Farbe über die andere, zartere legte. Rehe kreuzten seinen Weg. Sie gingen langsam und mit klaren, verständigen Augen; sie waren wie die gütigen Gedanken der einsamen Landschaft. Die Quellen und die Bäche klangen, sie gebaren das junge Blau des Himmels.

[...]

Der große Pan liebte ihn. Paul war bei ihm in der Mittagshitze, wenn auf der Heide der betäubende Duft des Thymians wie eine Wolke um die roten, kieselblitzenden Felsen hing, die Tannenwipfel im Blau des Himmels brannten und das schwerfällige Rollen eines Wagens den Wald heraufdrang. Im Wald war es dann sehr still, das Harz duftete wie ein goldener Trank, eine Glockenblume wiegte sich im Schatten, wo bei jedem Schwanken der Tannen Bündel von Sonnenlichtern platzten. Nach dem Aufruhr solcher Augenblicke träumte der Wald tiefer in der Hut strenger, unbeweglicher Sonnenstrahlen.

Der große Pan liebte ihn. Paul war bei ihm in der Stunde der Dämmerung, die Menschen und Dinge mit Ungewißheit erfüllt. Er fühlte ihn nahe, wenn das Schauspiel des Sonnenuntergangs die Welt berückte und dann aus der großen Trauer die Sterne wuchsen und die wehmütige Schönheit der Nacht vollkommen war. Hundertmal in seinen Indianerspielen blieb Paul plötzlich stehn und lauschte der fernen Stimme der Wälder, dem fernen Lächeln der Wiesen, des Lichts, den verlorenen Lauten, die von den Wegen kamen und in der Einsamkeit eine neue Bedeutung fanden. Diese Laute wurden wie die Stimmen der Vögel, wie das Lächeln der Heide, der Felder und der Baumstämme im Dunkel die eine Sprache, das gleiche Glück.

Der Löwe von Belfort

Es kam ein versiegelter Eilbrief an Frau Yvonne, worin ihr Vater mitteilte, daß er so glücklich sein werde, am 14. Juli in Belfort beim Bankett der *Ligue alsacienne-lorraine* die Festrede zu halten, und daß es in ihrer Macht stände, ihm den schönsten Tag seines Lebens zu bereiten, wenn sie mit Paul nach Belfort fahren und einige Tage dort verbringen wollte. Er habe geschworen, die Grenze nicht zu überschreiten, solange an den Stiefeln von preußischen Soldaten französische Erde klebe. Andrerseits sei es Zeit, daß er seinen Enkel in die Arme schließe, und wiederum wünsche er nichts sehnlicher, als daß der Junge endlich Soldaten sähe, da er sich doch angesichts der uniformierten Räuberbanden, die unter der Peitsche ihrer Häuptlinge die steifen Glieder verrenkten, keinen Begriff vom Berufe seines Vaters machen könne. *Ah, Sentinelle, ayez garde à vous!* Paul müsse ein ganzer Patriot werden, und der Junge habe noch nicht einmal rote Hosen gesehn. Wie alt war er denn? Sechzehn Jahre, und der Sohn eines heldenhaften Vaters, der sein Leben für Frankreich gelassen hatte, kannte vielleicht die *Marseillaise* nicht. Ob Yvonne sie ihm wenigstens auf dem Klavier vorgespielt habe?

In Straßburg war der Zug schon überfüllt. In Mülhausen nahm man keine Reisenden mehr auf.

Sie flogen durch den Sundgau der Grenze zu. Die Heuernte war vorüber. Über die einsamen Felder zogen in der Nachmittagsruhe feierlich die Schatten der Wolken. In der Ferne blitzten glitzernde Wasserstreifen wie die bösartigen, aufreizenden Blicke eines Ungeheuers, oder sie schienen herabgefallene

Stücke Sonne, die dort weiter brannten. Graue Weiden standen brütend umher.

In den Dörfern lagen die Straßen verlassen im schweren Sonnenschein, an den Fenstern erschienen neugierige Gesichter, die dem Zug nachsahen. Vor den Eisenbahnschranken standen barfüßige Kinder und schwenkten die Hüte. Der Zug sauste vorbei, ihr Geschrei stieß sich in den Ecken des Coupés und zerriß im Luftzug. Das Blau der Vogesen ertrank im weißen Grau des Himmels.

Paul erschöpfte sich, atmete tief auf und begann von neuem. Er hatte einen blutroten Kopf und fühlte, wie ihm die Haare wirr um Stirn und Schläfen fielen. Wie in einer Schlacht, wie damals, als er die *Marseillaise* hörte.

Die Felder waren von Truppen bevölkert, deren Oberbefehl er hatte. Er führte im Tempo des Schnellzuges hundert Reiterangriffe an: aller Schlachtenlärm war im Rütteln und Poltern der Wagen. Paul brauchte nur zu befehlen …

Ein kurzer Aufenthalt in Alt-Münsterol. Ein Gendarm verlangte die Papiere, durchflog sie und gab sie zurück. Paul sah ihn feindselig an. Der Gendarm lächelte und schloß die Tür. Der Zug näherte sich der Grenze. Und plötzlich stürzte jemand zum Fenster des Coupés. Paul, von der irren Gewaltsamkeit dieser Bewegung ergriffen, warf sich schaudernd ans andere Fenster.

An jeder Tür ringelten sich einige Schultern und Arme und bildeten einen mißgestalteten Rumpf mit drei, vier Köpfen. Ihre Bewegungen erinnerten an Seehunde, die nach Luft schnappten. Als die Lokomotive über den Wald hinausfuhr, verfielen die Köpfe in krampfartige Zuckungen. Die Gesichter brachen in Grimassen aus. Aus den weitgeöffneten Mündern stürzten Rufe in den Luftzug, der um die Wagen fuhr. «Vive la France!»

Diese unheimlichen Köpfe waren hochrot und wurden blau und drehten sich, als ob sie sich von ihrem Rumpf losreißen wollten. Paul sah eine junge braune Frau mit dem ganzen Oberkörper aus dem Fenster lehnen. Sie hatte die rechte Hand in das lockige Haar eines Kopfes geschlagen, der neben ihr aus der Tür ragte; sie schüttelte ihn und schrie mit aufgerissenen Augen:

«Vive la France!»

Wie ein heißer Ruf flog ihr Ruf den Zug entlang. Tücher und Hüte wurden geschwenkt, Männer, Frauen, Knaben riefen in einem brausenden Abgrund, der dahinfuhr. Die schöne Frau drückte das Haupt ihres Opfers auf die Schneide des herabgelassenen Fensters. Sie legte sich mit dem Gewicht ihres Körpers darauf, sie stieß; ruckweise, die Zähne auf die Unterlippe gepreßt, ihr Haar lag dick und zerwühlt im Wind. Dann rang sie wie in einem asthmatischen Anfall nach Atem, ihr Genick zuckte einigemal auf und ab. In einem letzten gewaltigen Ausbruch schrie sie irrsinnig, langgedehnt den Zug hinunter:

«Vive la France!»

Der Schrei rollte sich im sausenden Abhang wie eine Schlange zusammen.

Paul ließ sich auf das Polster fallen und blickte starr vor sich hin. Das war er – der Kampf! Die wundervolle Häßlichkeit der kriegerischen Entzückung! Er hätte sich mit geschlossenen Augen hineinstürzen mögen, wie ein Tier, wie ein Halbgott. Er hätte die schöne Frau schlagen, ihr die Kleider vom Leibe reißen, sie beißen wollen. Dann begann er eine unendliche Ohnmacht zu fühlen; er wurde ihr Opfer.

Er war ausgeschlossen von allen Taten, die im Dienst der Rache und des Vaterlandes vollbracht wurden. Er suchte den Platz, den er einnähme und fand keinen.

Die Stimmung zog langsam vorüber.

In Paul blieb eine aufgeregte Ängstlichkeit und eine weiche Sehnsucht zurück.

Der Zug fuhr langsamer. Die Ebene schwoll in großen, runden Hügeln an. Die Hügel wuchsen in schweren und sanften Formen in die Breite. Sie stiegen in ihrer ganzen Ausdehnung zugleich in getragenem Tempo zum Julihimmel empor. Die Geleise der Bahn mußten jetzt hohe Granitwände durchschneiden, deren hartes silbernes Blau an Stahl erinnerte.

Sie ist aus Stahl und blühender Erde, dachte Paul: er glaubte, er umfasse die Welt.

Von den Forts *Hautes* und *Basses Perches* wehte die Trikolore, blau, weiß und rot.

Das ist Liebe, dachte Paul und war von seinem Einfall warm und gehütet. Er nahm die Hand seiner Mutter und küßte sie, er sah sie glücklich an.

«Wie die Farben erwärmen!»

Er zeigte auf die Fahnen, die im Blau des Himmels schwebten.

Frau Yvonne hatte feuchte Augen.

«Ja», sagte sie, «ja, Paul, aber mäßige dich.» Und der Zug stand still.

«Belfort.» Ein alter Herr sagte das in einem Tone, als ob er damit von der Stadt Besitz ergriffe. Er stand auf und sah ernst an sich hinunter.

Dann legte er Paul die Hand auf die Schulter: «Sie werden

den Löwen von Belfort sehn» ... und ließ seine Blicke in Pauls Blicken ruhn. Nach einer Ewigkeit verbeugte er sich lächelnd und trat in die offene Tür. Er hob den Stock und rief: «*Vive la France, mes amis. Vive l'armée!*»

Ein Offizier, der vorbeidrängte, grüßte freundlich. Paul blickte erregt den roten Hosen nach. Aber jetzt sah er überall die rote Farbe leuchten. Ihre Sinnlichkeit belebte die Geister wie eine aufregende Spezerei. Sie war der Grund der Unruhe, die die Menschen verwirrte. Paul hätte aufschreien mögen, wenn dieses lebendige Rot im dichtesten Gewühl mit der jähen Wendung eines Tieres auftauchte und blitzschnell, oder einen Augenblick verweilend, in eine dunkle Gruppe fuhr, die sich sogleich in lichtere Töne auflöste. Anderswo schwamm das Rot ruhig wie vollgesogen und zerging in hellen Frauenkleidern.

An der Mauer des Stationsgebäudes stand ein untersetzter Herr auf einem Stuhl und winkte mit einer kleinen Fahne, die er an die Spitze des Regenschirms gebunden hatte. In der andern Hand schüttelte er einen Zylinder. Er schrie: «*Vive l'Alsace!*» und der Ruf kam hundertfach zurück. Er wartete, bis der Jubel sich gelegt hatte, dann rief er wieder: «*Vive l'Alsace!*» Frau Yvonne sagte zu Paul: «Dein Großvater.»

Frau Yvonnes Vater hatte seinen Stuhl verlassen und drängte sich, Schirm und Zylinder hoch erhoben, *Vive l'Alsace* rufend, durch die Menge. Es war ein Triumphzug. Als er vor seiner Tochter stand, reckte er die Arme noch höher. «Küßt mich, Kinder, küßt mich! *Vive l'Alsace!*» Frau Yvonne umarmte ihn.

«Auch du, mein Sohn», forderte er Paul auf. «Dies geschieht alles zu deiner Ehre. Es ist *dein* 14. Juli heute. *Vive l'Alsace!*»

Er nahm die Fahne vom Schirm und drückte sie Paul in die Tasche. Am Ausgang stand eine Abteilung Soldaten.

«Es sind Husaren», erklärte der Alte, und auf dem ganzen Weg zum Hotel spähte er aufgeregt umher. Er strahlte, wenn er sagen konnte: «Dies hier sind Artilleristen, da hast du die Jäger zu Pferde. Ah, da sind zwei Turkos, verteufelte Kerle, was? ... Ein Brigadegeneral, sein Adjutant, ein Kapitän.»

Frau Yvonne ging lautlos neben ihm.

Der Alte wollte sie gar nicht erst in ihr Zimmer gehen lassen. Vielleicht hatte die Parade schon begonnen, und es war schwer, einen guten Platz zu bekommen. Frau Yvonne fühlte sich müde. Sie wollte bleiben.

«Es tötet mich», sagte sie mit ihrem gütigsten Lächeln und legte die Hand auf die Wange ihres Vaters. «Wirklich, ich kann nicht, sei gut, laß mich hier.»

Der Alte sah ihr traurig nach, wie sie langsam hinter dem Kellner die Treppe hinaufstieg.

Sie ließen sich vom Gedränge durch die Straßen tragen. Als sie um die Ecke bogen, sah Paul die steile Felsenmauer des Schlosses, aus deren Stirn der Sandsteinlöwe seinen gewaltigen Körper drängte. Die Luft war voll aufgewirbelten Staubes. Die Sonne machte daraus ein schmutziges goldenes Gebräu, das zu sieden schien. Man hörte Musik; die Klänge rangen mühsam im Straßenlärm, der die Ohren betäubte, oder sie tanzten wie ein hohles Faß auf tobender Brandung. Manchmal stockte die Menge. Dann ging ein farbiger Staubregen nieder, man fühlte ihn auf dem Gesicht, in der Nase, in den Augen, im Hals. Er ermüdete, als ob er bis an die Knie reichte und den Schritt gefangen hielte. Der Alte beugte sich zu Pauls Ohr:

«Dort mein Sohn, sieh den Löwen.»

Paul sah nur ihn. Das rote Tier leuchtete matt durch den Staub. Es schien sich bei jedem von Pauls Schritten zu bewegen. Es hatte riesenhafte Verhältnisse.

Wie ein ungeheurer Fetisch hing es oben im unreinen Schein einer Feuersbrunst. Der verzweifelte Trotz dieses Kopfes entwurzelte, die Gewalt der Tatze, die den Pfeil in der Flanke niederdrückte, war die eines Todwunden, der einen Sieger herrisch umklammert hält, der Schweif führte einen Peitschenhieb des Schmerzes auf den mächtigen Leib, der in der Erdrosselung seiner Muskeln erstarrte. Paul fürchtete, daß der Löwe im nächsten Augenblick aufstände und die Felswand auseinandersprengte.

Und nun brach auch die Musik deutlich durch, sie ergriff die tausend Menschen und riß sie an sich. Sie tönte klar und bewegt in den Lüften, als ob sie sich in der Höhe neu gebäre, aus sich heraus und nur für sich, und einzig von der Bewegung der Menschen und aller Dinge nach deren Sinn geformt. Jeder Ellbogenstoß war sie, und das Heben des Kopfes, und der Schritt, und der Schlag des Herzens, die wechselnden Gedanken und Gebärden, und die Vermählung der Gedanken und Gebärden, der Orgelpunkt aller Äußerungen der Tausende, auf deren Scheitel ihr tönendes Feuer schien. Sie hüllte die kältesten Naturen ein und erhitzte sie bis zur selbstvergessenen Glut. Welche beherrschte Wonne, sie zu sehn. Und Paul sah die *Marseillaise*, als ob sie in einer Huldigung an ihm vorbeizöge. Er riß den Hut vom Kopfe und reckte sich auf.

Sie konnten keinen Schritt weiter vordringen, aber in der Ferne sahen sie blitzende Waffen und geordnete Massen, rot, blau, weiß, vorüberziehn. Adjutanten flogen hin und her. Man hörte den Galopp von Pferden und den schnellen Tritt der Soldaten. Kommandorufe. Fahnen schwankten und senkten sich vor einer Gruppe glänzender Offiziere, deren Pferde in koketter Unrast tanzten. Hinter der Infanterie rückten langsam die langen und dichten Linien der Husaren vor. Es blitzte und schimmerte ununterbrochen an den Pferden und an den Reitern. Dann erschütterte ein Ruck das dichte Viereck, die Säbel flogen aus den Scheiden, und unter einem Wetterleuchten von Gold und Silber, aus einem Grund von hellem Rot und sanftem Blau trabte das Regiment vorüber.

Hinter den Husaren kamen die Jäger zu Pferd, dunkel, ernster, und die andern, alle ein Spiel des blühenden Farbenfeldes, das bei den Klängen der Musik in einer mächtigeren Sonne aufging und sein ganzes Wunderleben hergab.

Das war das Herz der Landschaft von Stahl und blühender Erde, und der Löwe war ihr Gewissen.

Am Abend fand das Bankett statt. Paul war müde und faßte keinen der Sätze auf, die sein Großvater mit großen Augen in den Saal sprach. Als die Rede lange kein Ende nahm, ließ Paul sich einschlafen.

Der Alte brachte ihn gegen Mitternacht ins Hotel. Frau Yvonne las beim Schein der Kerze. Sie nahm Paul in die Arme und küßte ihn lange und heiß. Sie drückte das Gesicht in seine Haare und bat ihn, nie mehr so lange von ihr weg zu bleiben. Sie ertrüge es nicht, er müsse sie immer lieb haben. So blieben sie lange.

«Mutter», flüsterte Paul, «ich bin hier in Frankreich so warm und glücklich. Du bist ja ganz Frankreich für mich. Ich hab dein Herz gesehn, Mutter, das war schöner als die Sonne. Ganz bunt vor Liebe und warm …»

Frau Yvonne preßte Paul an sich, sie weinte vor Glück, sie küßte ihn, daß es ihn schmerzte. «Mehr, mehr, Mutter! …»

In den Vormittagsstunden des nächsten Tages besuchten Frau Yvonne, Paul Merkel und sein Großvater den Löwen, das Schloß. Sie gingen zum Fort la Justice an der Nordspitze des Berges, der von seiner steilen Höhe die ganze Stadt und den Talkessel herrisch übersieht, und kehrten zum westlichen Fort la Miotte zurück. Der Turm la Miotte steht, ein gedrungenes Viereck mit gezackter Krone, am Abgrund. Er zeigte der weiten Ebene die Trikolore.

Frau Yvonne stellte sich mit ihrem Vater in den Schatten des Turmes.

Paul ging über das Hochplateau, auf dem Grasbüschel, Löwenzahn und ein paar armselige Bäume wuchsen. Kleine rote Nelken glühten in der Sonne wie Blutstropfen. Im Tal lief der heftige Sonnenschein über Felder und Teiche und bis dicht unter die Bäume der langgestreckten Berge. Es war so klar, daß Paul den Schatten des Schilfs sah, der einen dunklen Gürtel um die leuchtenden Teiche zeichnete, daß er den Schatten eines Vogelfluges auf den roten Äckern und den silbergrauen Wiesen verfolgen konnte. Der Rauch der hohen Fabrikschlote ging senkrecht in die Höhe. Er stieg in die Ferne über die Höhe der Mauer hinaus, an der Paul lehnte, und davon fühlte Paul sich seltsam beglückt. Er konnte aufrecht stehn und die ferne Rauchsäule über sich hinauswachsen und hoch oben in einem feinen Sonnennebel zerfließen sehn.

Paul blickte zu Frau Yvonne hinüber, die im Schatten der Mauer mit ihrem Vater sprach. Sie war einen Kopf größer als der Alte, sie stand im weißen Kleid schlank und fest auf dem

Blau des Himmels, das ihr braunes Haar vergoldete, die dunklen Augen waren voll Licht, ihre Stirn hatte im Schatten, der sie umfloß, den matten Glanz reifen Roggens. Die Hände spielten an einer langen dünnen Goldkette; sie verwirrten sich in Blau, Weiß und Gold. Paul sah wieder ins Land hinaus, dann ging er auf die Mutter zu. Er blieb neben den beiden stehn und hörte zu. Sie sprachen von seiner Zukunft. Der Alte hielt den Strohhut in der Hand und bewegte bei jedem Satz den schmalen Kopf mit dem glattrasierten Gesicht. Er betonte die einzelnen Worte mit verschiedenartigen Linien, Kreisen, Punkten, die sein Strohhut in die Luft hieb.

Paul trat zu ihr. Er löst ihre Hände von der dünnen Kette, mit der sie spielten, er nahm die sanften, ergebenen, und küßte sie.

Sie stiegen durch das Schloß und am Löwen vorbei zur Stadt hinunter. Auf der Place d'Armes schob der Alte seinen Arm unter Pauls Arm.

«Achtung, mein Sohn.»

Er führte ihn vor ein Standbild. Eine Elsässerin mit fliegendem Kopfputz hielt einen französischen Soldaten, der zu Tod verwundet niedersank. Sie hatte ihm das Gewehr weggenommen und streckte es trotzig einem Feind entgegen. In einem herzhaften Anlauf, der erstarrt war, versperrte sie ihm den Weg. Auf dem Sockel stand in ehernen Lettern: *Quand-même!* Der Alte nahm den Hut ab und hob ihn hoch empor. «*Quand-même, mein Sohn, quand-même!*»

Er preßte Pauls Arm.

«*Quand-même!*»

Und, indem er sich an Frau Yvonne wandte: «*Quand-même, Madame!*»

Paul errötete, und Frau Yvonne ging weiter: «Das Standbild sollte oben bei der *Miotte* stehn», sagte Paul.

Er glaubte damit zwischen der Mutter und dem Großvater zu vermitteln; er dachte an nichts andres, als an Frau Yvonne, die mit ihrer braunen Stirn auf dem Blau des Himmels stand und an der langen Goldkette spielte, während ihre Augen ins Weite blickten.

Als sie Frau Yvonne einholten, blieben sie einen Augenblick stehn, setzten aber dann gleich ihren Weg fort.

«Lieber Vater ...» Sie nahm Pauls Arm. «Ich bitte dich, ich bitte dich, laß Paul in Ruhe.» Der Alte starrte sie groß an.

«Sei so gut und bringe uns heute nachmittag zur Bahn, wir müssen fort.»

Der Alte riß den Hut vom Kopf und blieb stehn.

«*Madame* ...»

«Du wirst mir alles in meinem Zimmer sagen, Paul wird unterdessen einige Karten an seine Freunde schreiben.»

«Und was sagt Paul dazu?»

Der Alte sah seinem Enkel durchdringend in die Augen.

Paul stammelte: «Ich tue, was Mama will.»

Als beginge er einen Verrat aus Liebe. In der ganzen Welt sah er nur seine Mutter. Aber er bemerkte, daß sich die Augen des Alten mit Tränen füllten.

Im Vestibül des Hotels drückte ihm die Mutter die Hand und zeigte ihm das Schreibzimmer. «Dort findest du deine Karten. Ich werde dich rufen lassen.»

Paul schrieb keine Karten. Er glaubte, daß seine Mutter jetzt leide, und er litt mit ihr. Schwer und dunkel, ohne nach den Gründen des Leides zu forschen. Zugleich bat er seinen Groß-

---

vater um Verzeihung. Er glaubte sich zu erinnern, daß er ihm weh getan habe. Dann fielen ihm die Bilder des gestrigen Tages ein. Sie waren fahl und verflüchtigten sich lärmend in einen traurigen Nebel, aus dem ein Arm, ein Gesicht, eine Gestalt für eine Sekunde in grotesker Deutlichkeit hervorsprang. Er fühlte sich verschlagen und fremd und begann sich zu fürchten.

Vielleicht waren schon Stunden so vergangen, als er durch die Scheiben der Tür Frau Yvonne und den Großvater zum Schreibzimmer kommen sah. Frau Yvonne öffnete heftig die Tür, trat in einigen schnellen Schritten auf ihn zu und küßte ihn auf die Stirn.

«Wer sollte dich mir streitig machen?» flüsterte sie.

Ihr Gesicht glühte. Sie zitterte vor Zärtlichkeit. Ihre Augen hefteten sich auf ihn und flohn wieder plötzlich seinen Blick.

Während des Mittagessens wurde anfangs wenig gesprochen. Der Alte unterhielt sich mit Paul über sein Schülerleben, aber da er ihm jede Antwort entreißen mußte, ließ er das Thema fallen und erzählte nur noch von sich und seiner Familie. Er war von einer höflichen Wärme gegen seine Tochter und herzlich zu Paul.

Frau Yvonne wollte fröhlich sein. Sie sah jetzt sehr blaß aus. Paul saß zwischen den Gesten und Worten und sah unverwandt in Frau Yvonnes Gesicht. Er nahm jeden Ausdruck ihres Gesichtes an, seine Augen waren der Spiegel ihrer Seele. Langsam begann er zu fühlen, daß die Mutter gequält war, aber ebenso beherrschte er sich schmerzhaft im Spiel ihrer Züge, und mitten im Tanz der Masken und der wirbelnden Unrast der Gefühle wölbten sich ihre tiefroten Lippen seinem Mund entgegen.

Sie kamen nachts in Zabern an. Paul hatte im Zug geschlafen. Auf dem Weg vom Bahnhof nach Hause suchte er sich an etwas Köstliches zu erinnern, das er verloren hatte. Der Bach heulte dunkel unter der Brücke. Am Himmel flogen zerfetzte Grauwolken um einen weißen Mond. Aus den Gärten stiegen starke Düfte und der feuchte Geruch der Erde. Dann blieb der Wind stehn, und es begann leise zu regnen.

Der Gläubige

Zu Tod und Verklärung lockt der Frauen Schoß.
Das ist die Nacht, die auf unsern Augen ruht,
und das ihr Lächeln, wirr und groß ..
Der Glaube das: noch einmal das Rätsel zu kennen,
um das jede von ihnen die Sehnsucht vermehrt ..
Und endlich die Botschaft, die unsern Stolz zerbricht:
Der du übermenschlich zu glühen begehrst,
sollst an ihrer Knöchel ungewissem Licht
dein Riesenherz verbrennen.

Und das ist gut.

Arme öffnen sich

Seit sechs Wochen war ich Journalist. Das heiße Leben der großen Stadt Paris umdrängte mich wie eine Volksmenge. Es spielte in heftigen Farben, wie die Lichtreklamen auf den Boulevards. Die Aufregungen hetzten einander mit den Zeitungsausrufern, und wenn ich mich aus den Strudeln der vielen lärmenden Dinge auf ein sicheres Stück Boden rettete, so stand ich mitten im Strom der Zeit, auf einem guten Inselchen, von wo sich über die Segelregatten, Feuerwerke, Transportzüge und auch über ernsthaftere Schiffsuntergänge beschaulich sinnen ließ.

Die Berichterstattung, erkannte ich, das ist der Automobilismus in der Literatur. Man fliegt von Festen, wo die Frauen bis zum Horizont lächeln und die Männer sich in den Werken ihres Geistes erschöpfen, an unvergänglichen Schöpfungen der Kunst und menschlichen Großtaten vorbei gleich mitten in Krawalle hinein, in denen der Teufel Apachen und Märtyrern im Genick reitet. Jedes dieser Ereignisse war für die Akteure ein Höhepunkt, von dessen süßen oder zerreißenden Beglückungen sie vielleicht ihr ganzes ferneres Leben zehren müßten. Wir teilten ihre Inbrunst, solang der Wagen hielt, aber dann sausten wir in der Richtung eines Schreies davon und gaben uns dem Neuen hin.

Nicht, als ob es nur der Lärm gewesen wäre, der uns lockte! Der Lärm war die Straße, und die Straße wimmelte von Menschen, die sorgfältig betrachtet sein wollten. Wir lernten sie unterscheiden. Wir hörten sie im Lärm heraus, bald nah, bald entfernt, wir verfolgten eine Stimme, wie sie stieg und fiel und von ihren Nachbarn aufgesogen oder erdrosselt wurde, und die sieghafte, die auf den andern wie auf den Schultern einer kämpfenden Menge emporstieg – wir waren dabei, wahrhaftig, wir waren dabei!

Ich wenigstens erstarrte in den Spielerängsten eines Ministerpräsidenten, wie ich mich in der Leidenschaft seiner Gegner bäumte. Ich strotzte von der moralischen Energie eines Schiedsrichters. Ich bildete mir ein, von der Höhe einer Welle die neuen Zeiten zu sehen, ich hörte im Fieber des Augenblicks die Zukunft brausen, wie ein andrer in einer Muschel das Meer hört. Ich war Berichterstatter einer deutschen Zeitung in Paris, mehr nicht, aber ich fühlte mich glücklich. Gute Freunde, die ich in der höchsten Literatur zurückließ, versuchten, mir den Wert meiner neuen Lebensführung abzustreiten. Sie behaupteten nichts geringeres, als daß der Journalismus den Menschen entwürdige. In der ersten Entrüstung schimpfte ich sie *Culs-de-jatte*, das sind, wie im Wörterbuch steht, ‹Krüppel ohne Beine, die auf dem Steiß fortrutschen›. Ich verdächtigte sogar die Beschaffenheit dieses gefallenen Steißes und ging soweit, daß ich den Berichterstatter des ‹Lokalanzeigers› als ein ‹Ohr der Zeit› feierte. Wegen dieser heftigen Behauptungen ging ich in der Folge oft mit mir ins Gericht. Wenn ich auch selbst den Vergleich bildlich ein wenig zu stark fand, so hörte ich doch nicht auf, von seiner Richtigkeit überzeugt zu sein. Daraus schloß ich, daß ich mich endgültig für einen bessern Menschen halten dürfte. Selbst die ärgsten Druckfehler meiner Zeitung, die ich doch wie persönliche Mißhandlungen empfand, konnten mich nicht vom Piedestal dieser Einsicht herunterzerren.

Ich war Journalist mit Leib und Seele.

An diesem Frühlingsabend holte mein Pariser Freund Variot mich im Kraftwagen an der Deputiertenkammer ab, wo ich im Auftrag meiner Zeitung die Gewählten der Französischen Republik beaufsichtigte. Sie hatten sich unauffällig betragen und mir nicht die geringste Arbeit gemacht. Nur war ich noch so wenig an die Kammer gewöhnt, daß mich selbst ein leerer Sitzungssaal beunruhigte. Außerdem wollten Variot und ich nach dem Abendessen eine Volksversammlung besuchen, in der die wildesten Barrikadenredner der Zeit auftraten. Ich fieberte, als ich in den Wagen stieg.

«Ein herrliches Land», seufzte ich, und während der Wagen von der gewölbten Brücke in die feierliche, von so vielen Lichtern spärlich erleuchtete Wüstenei der Place de la Concorde tauchte, war ich noch ganz mit der heißen Atmosphäre der Versammlung getränkt, fühlte ich mich, die Sprache der Revolution in den Ohren, zwischen knatternden Automobilen umhergeworfen, und erst als wir im seltsamen, wie mit losen Feuergarben beworfenen Halbdunkel der großen Boulevards fuhren, verlor sich die politische Inbrunst, die mich wie ein Fieber verwüstete, und wurde ich langsam der Rekonvaleszent, der sich den schmelzenden Freuden des Daseins zuwendet.

Melodien fielen mir ein, fliegende Weisen der Lebensfreude. Ein paar Noten, die ein Grammophon im Massenlärm kreischte, eroberten mich vollends. Ich hätte mit der Summe aller Gefühle, die je das Herz der großen Liebhaberinnen schwellten, in das Lied einstimmen mögen: «C'etait un jour d'été...», und été, wußte ich, stiege wie ein kleiner roter Luftballon, der den Fäusten eines Kindes entwischt und senkrecht in den blauen Himmel fährt ... Und es waren Frauen da, viele Frauen, und von einer Mannigfaltigkeit, die andächtig stimmte: Gesichter unter wechselnden Betthimmeln von Hüten, Hüften wie ein Wehr, an dem sich die rieselnden Wellenbewegungen des schreitenden Körpers mit einer heimlichen Heftigkeit brachen, um dann großartig in die seenhafte Fläche des Rockes überzuströmen ...

Da sah ich Lo zu erstenmal. Sie fuhr in einem offenen Auto an uns vorüber. Variot hatte mich am Arm gepackt, er rief: «Lo, Lo!» Das Mädchen hob ein braunes, mattes Gesicht mit einem weich geschweiften Kinn, es bewegte ein wenig die Lippen, aber die dunkeln Augen, die plötzlich aufgeflattert waren und ringsum suchten, konnten uns nicht schnell genug finden. Variot wollte gleich den Wagen umkehren lassen. «Das geht nicht», sagte der Chauffeur und riß ungeduldig an seinen Hebeln. «Nein, mein Prinz, der Eiertanz, den ich mit meinem Kasten nach einer Richtung aufführe, genügt mir ... Ein Wagen ist keine Balletteuse ... Er kann sich nicht mit einem Seitensprung umdrehn ...»

Da wollte Variot aussteigen und versuchen, Lo zu Fuß einzuholen. Aber es war unmöglich, sich aus der Umstrickung des Schleppnetzes zu befreien, das unter den Pfiffen der Polizisten die Boulevards hinauf- und heruntergezerrt wurde.

«Schade», murmelte Variot. «Wir hätten gemeinsam zu Abend gegessen ... Aber wir holen sie nachher in ihrem Theater ab, willst du?» Ich wollte ... Variot, der mit Lo zusammen eine Wohnung im lateinischen Viertel besaß, hatte mir ein großes Zimmer eingeräumt, weil er Lo mit der Ersparnis ein Sommerkleid kaufen wollte. Ich war wegen der schönen Aussicht sofort umgezogen und schon in der Frühe gekommen, als beide noch schliefen. Wie angenehm, nun am ersten Abend nach Hause gebracht zu werden! Wie festlich, daß ein schönes Mädchen wie die Freundin Variots mithalf. Denn die Besitznahme einer neuen Wohnung erschien mir von je als eine ernste Zeremonie, der man sich mit Herzklopfen unterzieht ... Und dann muß jede neue Wohnung erobert, muß denen abgerungen werden, die einmal darin gelebt haben mögen. Allein hätte ich die halbe Nacht damit verbracht, das Zimmer zu betrachten und über seine mögliche Geschichte nachzudenken. Aber wenn Variot und seine Freundin mich mit guten Wünschen für die Nacht in meinem Zimmer allein ließen, wäre ich zweifellos vollkommen beruhigt. Ich bildete mir einfach ein, bei ihnen zu Gast zu sein, was ungefährlicher war, als eine eigene Wohnung zu übernehmen mit all der großen Verantwortung, die solche Eigenmächtigkeiten einem aufladen.

Die Volksversammlung dauerte bis Mitternacht. Wir nahmen ein Automobil, einmal, weil Berichterstatter immer im Automobil fahren, und dann, um Lo nicht warten zu lassen. Denn sie mußte auf der Bühne schon fertig sein, meinte Variot. Das Abschminken und Umkleiden dauerte zwanzig Minuten. In zehn Minuten mußten wir am Theater sein ... Der Chauffeur wurde aufgefordert, so schnell wie möglich zu fahren, und wir brausten wie ein kleines, klirrendes Ungewitter über die jetzt fast leeren Boulevards.

Aber an der Porte Saint-Martin fanden wir unsere Meister. Dicht vor uns spie die Hölle einen heulenden Schwarm Zeitungsjungen aus, die uns gleich unter Kriegstänzen umringten. Sie schwangen ihre Extrablätter und schrien ununterbrochen: «Erdbeben in Italien. 100 Tote. Alle Einzelheiten der Katastrophe.»

Das war schrecklich. Das mußte ich gleich nach Deutschland telephonieren. Armes Italien … «Du, es wird wohl lange dauern. Wartet nicht auf mich. Schade, schade …» Der Chauffeur mußte mich am Telegraphenamt an der Börse absetzen, Variot fuhr allein zu Lo. Ich brauchte zwei Stunden, um die Zeitungsnachrichten über die Katastrophe nach Deutschland zu telephonieren. Ich konnte immer nur drei Minuten sprechen, weil andre Berichterstatter da waren, die dieselbe Linie benützten. [...]

Auf dem Heimweg dachte ich ernsthaft daran, kontraktbrüchig zu werden und zu fliehen. Ich hegte Zweifel an meinem Beruf, denn, was ich telephoniert hatte, erschien mir jetzt unter Menschengröße; und ich wurde böse. Nachdem ich an mir gezweifelt hatte, zweifelte ich an meiner Zeit. So trieb ich weiter, bis zu den Fragen, auf die nur Narren eine Antwort erwarten. Um die ganze Wahrheit zu sagen: Das Dasein ekelte mich an …

Dieses, vermutete ich, war die Tür meines neuen Zimmers. Ich öffnete. Auf dem Nachttisch brannte die Lampe, daneben lagen einige feine türkische Zigaretten und gewaltige Trüffelpralinés. Meine Bücher prangten schön geordnet auf dem Gestell, die Kiste voll zahlloser Schriftwerke, die ich in der Frühe nicht gewagt hatte auszupacken, die schwere häßliche Kiste war verschwunden. Auf dem Tisch zwischen den beiden Fenstern drängten sich in einem Wasserglas zwei dicke Veilchensträuße, und in ihrem Duft haftete ein fremder, bittersüßer Geruch, in dem ich Los Parfüm ahnte.

Welch eine Freundin, dachte ich. Sie kennt mich nicht, sie hat mich nie gesehn, aber ich bin Variots Freund und so empfängt sie mich … Sie schenkt mir die Veilchen, die sie heute abend an ihrer Jacke trug. Sie plündert ihren Vorrat an Zigaretten und echten Trüffelpralinés. Ja, es gab keine bessern … Sicher war sie müde, und hat doch noch das ganze verwahrloste Zimmer schön gemacht … In meiner Dankbarkeit fiel mir ein, daß die Franzosen unser deutsches ‹Fremdenzimmer› *chambre d'ami*, das Zimmer ihrer Freunde nennen, und ich sagte nur: «Aha». Eine rassenpsychologische Untersuchung war im Anzug, aber ich wich schnell aus. «*O France!*» deklamierte ich halblaut, indes ich mir ein Buch zum Einschlafen aussuchte …

«*O France!*» wiederholte ich, als ich die Lampe löschte, und beim Einschlafen schwor ich Lo gute Freundschaft bis ans Grab. Es war mein letzter Gedanke und wie ein lustiges Gebet.

Die Mädchen über Athen

Im Vasensaal irrte ich wie in einem Spiegellabyrinth. Dann hielten mich die Bronzen, ich mußte mich mit jedem Schritt losreißen. Die Marmorskulpturen, die ich schon aus Abbildungen kannte, bekamen Leben. Sie hoben sich atmend, standen und zeigten ihre kluge Stirn. Und überall waren fliegende Siegesgöttinnen, große und ganz kleine, ja, fast an jeder Tür, in jedem Winkel tat eine ihre rauschenden Schritte. Dank ihnen zog eine heiter ausschreitende Musik, eine richtige unbekümmerte Straßenmusik durch die Museumsräume.

Meine ganze Liebe aber schenkte ich einigen marmornen Mädchen, obwohl ihnen immer etliche Glieder und zumeist auch der Kopf fehlte. Dafür waren sie vollkommenen Leibes, vollkommen, wie ihre Mutter sie gemacht hatte, vollkommen auch darin, wie sie sich mit ihrem Gewand geschmückt hatten, es über die Brüste gerafft hatten und nun zärtlich über ihren süßen Leib rinnen, auf ihrem süßen Leib zerfließen und dies und die ganze Schöpfung mit einem Ausdruck verklärter Klugheit bis ins kleinste ihm zum Gefallen sein ließen.

Je höher ich auf der steilen Treppe emporstieg, desto größer wurden die Säulen, die, in einem Aufmarsch von einziger Gewalt, den Eingang zur Akropolis bewachen. Einen Augenblick schien es mir, als neigten sie sich über mich und wollten mich erdrücken. Aber als ich den Kopf hob, sah ich, wie sie im Gegenteil, immer größer werdend, vor mir in den Himmel zurückwichen, und ich stürmte, halb gehoben, weiter, das Sausen in den Ohren, die Augen zu Boden geschlagen. Nun stand ich dicht vor ihnen. Es waren Säulen, nichts als Säulen, mit einem Dach darüber, das bis zur Mitte des vorigen Jahrhunderts türkische Kasematten getragen hatte. Der Vorsprung neben ihnen, wo der Niketempel über den Abgrund hinausging, war ebenfalls eine alte Bastion, der kleine Tempel selbst einem Schilderhaus nicht unähnlich. Jede Säule wies Spuren von Kugeln auf, ich streckte die Hand, um sie sorgsam zu berühren – diese eine hatten die Kugeln geradezu zerfetzt. «Nur Säulen», wiederholte ich für mich, mit klopfendem Herzen, von einer sinnlosen Aufregung erfaßt. Ich setzte mich auf den Sockel der Säule, vor der ich stand und schloß die Augen.

Wir erleben Augenblicke solcher Versunkenheit, daß wir, wenn sie vorbei sind, wie aus einer Ohnmacht erwachen mit dem Gefühl, viel schweres Leid und alle Tröstungen erfahren zu haben. So erhob ich mich, und das erste war, daß ich langsam viele Male mit beiden Händen über die Säule strich und zur nächsten ging und zur übernächsten und sie in einer Art anhaltenden Umarmung umschritt, worin schamvolle Achtung und brennendes Verlangen einander durchdrangen. Die durch den Marmor schimmernde Nacktheit war ja menschlich, menschlich das schlanke Ebenmaß ihres Wachstums und, dieses, eine einzige menschliche Gebärde, die Gebärde einer schönen Frau und noch weit mehr ... und derart das Wunder, daß das Werk des Geistes, der solches geschaffen hatte, noch immer vom Schein seines Blutes strahlte und, selbst tausendfach verwundet, selbst verstümmelt, die betörende Macht des Blutes ausübte, die darin besteht, daß sie fremdem Blute über alle Vernunft Glück verheißt! ... Ein Mädchen, wie die im Museum, von klugen Männern geliebt, von klugen Männern gestaltet und mit der tapferen Vernünftigkeit ihrer Erfahrung ausgestattet – ich erkannte sie: Pallas Athene! ... Oh, sicher suchten Perikles und seine Freunde, die hier zu uns sprachen, in ihr nur die vergöttlichten Eigenschaften der Aspasia, ihres so gescheiten Bettschatzes.

Diese Klugheit, die eine sinnliche Eigenschaft, ja die Blüte einer schönen Sinnlichkeit selbst ist, entfaltete über dem riesigen Trümmerfeld der Akropolis, zwischen Propyläen, Parthenon und Erechtheion, in den wolkenlosen Himmel hinein ihren großen blütenweißen Kelch.

Dort stand das Parthenon, bei dessen Bau, nach dem Willen des Perikles, kein Sklave Hand anlegen durfte, und das so von freien Männern errichtet ward, von Männern, die wußten, was sie taten, stand da und beschämte die barbarische Zerstörungswut, die geglaubt hatte, Blut könne Geist auswischen, Gewalt einen edlen Herzschlag für alle Zeit verstummen machen. Einst herrschte hier, wo tausend Trümmer übereinander lagen, bedachte Ordnung, und all die Schönheit war für das Schauspiel auf der hohen Bühne in der Sonne gerichtet und geschminkt. Davon strahlte sie übermenschlich, und das Volk, das zum Beten herkam, fühlte sich in ihrem Licht vergehn. Aber die Zuversicht des Alltags kehrte ihm zurück, wenn es zwischen den bunten überragenden Gebäuden die Karyatiden des Erechtheion erkannte, die ‹Mädchen›, wie sie einfach hießen, seine ‹Mädchen›, deren lächelnde Gestalten unbeirrt dem Himmelslicht standhielten ...

Die Schminke verblaßte und verschwand, auf dem heiligen Berg wurde gemordet und die Geier nahmen von ihm Besitz. Kugeln und Explosionen zerstörten die Tempel, doch traten immer wieder, aus dem Rauch einstürzender Gebäude, der sie verhüllte, aus dem Blutnebel, der sie unsichtbar machte, aus dem Dunkel der Vergessenheit die Spielgefährten der Pallas Athene, die ‹Mädchen›. Genauso, wie sie jetzt vor mir standen.

Sie sagten nicht, daß der Kampf unnütz sei. Sie zeigten nur, daß sie ihn überdauerten …

Und wenn sie morgen der Gewalt erlägen oder wenn ich sie je vergäße, sie träten mir doch, doch, an irgendeiner Straßenecke, in den Augen der Geliebten, träten mir in den harmonischen Stunden guter Arbeit doch entgegen … Denn auf dem langen Weg, der mich zu ihnen führte, hatten sie mir ja auch schon von weitem ihre Boten entgegengesandt.

Vor vielen Jahren sprach mich auf dem Boulevard St. Michel in Paris eine Dame an, die ich nicht erkannte. Das schien sie auch nicht erwartet zu haben, denn sie sagte mir gleich, wer sie sei.

«Du hast dich verändert!» rief ich, leider nur zu deutlich enttäuscht. Sie nickte einigemal und versuchte zu sprechen. Da nahm ich ihre Hand …

Drei Schwestern waren sie, schlank, doch gedrungen, mit geraden Schultern, wie ihre Madonna und ihre Kirche sind. Sie waren die drei Schwestern von Paris.

«Was ist aus euch geworden?» fragte ich leise.

Sie antwortete nicht, wandte den Kopf zur Seite und drückte heftig meinen Arm.

Sie waren die drei Grazien der Natürlichkeit. Allein durch ihre Gegenwart blieb das lateinische Viertel eine Stätte hoher sittlicher und geistiger Kultur. Damals waren gerade die Fresken der Sorbonne dem Maler Puvis de Chavanne in Auftrag gegeben worden, und die Studenten wollten, daß ihnen dreien

—
45

das Mittelfeld dieser Fresken gehöre. Über allen Philosophen und Dichtern sollten sie thronen, weil sie der fleischgewordene Traum aller waren: die Harmonie. Der Maler, der sie nicht kannte, wollte sich keine Modelle aufdrängen lassen. Doch fand eine Studentenversammlung statt, es wurde eine Adresse aufgesetzt, die, mit ihren Photographien, in die Zeitungen kam. Darauf lud der Maler sie freundlich ein.

Sie gingen nicht hin. Sie waren verschwunden. Man erzählte, am selben Abend hätten sie, jede in einem Automobil, das lateinische Viertel verlassen … Uns war, als sei ein ewiges Licht erloschen. Man verrohte hier zusehends. Gottlob mußte ich bald abreisen. Und jetzt nach sechs Jahren –

«Du – so sprich doch – was ist aus euch geworden?»

Wir standen an der Rue Monsieur le Prince.

Sie antwortete nicht, sondern lief aufschluchzend in die Straße und in das Haus, wo ich vor sechs Jahren gewohnt hatte.

So arm war sie also …

Es folgten endlose Regentage.

Der Sommer war irgendwo liegen geblieben, in der Touraine, in den großen Wiesen, die sich zu seiner Begrüßung mit rotem Knabenkraut geschmückt hatten, und wo die herzbewegende Feierlichkeit der Abendglocken im endlos ermatteten Himmel ihn erdrückte.

Manchmal hob er den Kopf und sah nach Norden. Dann blitzte es über Paris goldig auf, und gleich strahlte der Garten des Luxembourg, als habe er nur auf diesen Blick gewartet, um seine Schönheit herzugeben. Das silbergraue Parterre mit dem flachen Wasserbecken glühte wie ein Spiegel. Über dem großen weißen Kreis der Balustrade, die das Parterre umschließt, lag die blühende Krone des Rotdorns, dahinter versanken die lichten Massen der Kastanienbäume in einem feinen Dunst weißen Lichts, dem wunderbar klar graue Dächer entstiegen, entfernt im blauen Himmel.

An solchen Tagen sah ich zuweilen die Dame von weitem an der Seite eines Studenten oder eines aufmerksamen Fremden. Der erste von uns, der des andern ansichtig wurde, bog in den Schatten ein.

Aber es war selten hell an diesen Tagen. Ich saß in einem möblierten Zimmer, in der Rue Gay-Lussac, von wo ich auf den Garten des Luxembourg und den eingeregneten Eiffelturm sah, zwischen Zeitungen, Büchern und illustrierten Revüen, die wie einen leichten roten Rauch eine aufrührende Atmosphäre ausströmten. Der kleine Tisch voll unreinen Papiers war ein Schlachtfeld von Leidenschaften, ein Gewühl und Gehetze, scharf und klein, wie durch einen umgekehrten Fernstecher gesehen.

Gegen Abend hörte der Regen gewöhnlich auf. Der Himmel hinter dem Eiffelturm leuchtete gelb. Es gab da drüben in den graubraunen Wolken einen Backofen von gelber Glut, der seinen Schein fächerförmig über den Horizont breitete. Das Schieferdach des Luxembourg war von sanftestem Blau, jeder Baum tief und groß.

Eine Zeitlang verbrachte ich die Hälfte der Nächte in der Gegend der großen Boulevards ... Ich suchte, ohne es recht zu wissen, die schlanke Frau mit den hohen Schultern. Einmal traf ich sie in der *Olympia*, auf dem blauen Teppich mit den großen, gelben Blumen, wo kleine Tische mit blauen Glasplatten stehen, im *Promenoir*. Über dem Parterre lag eine hellgraue

Rauchwolke, es waren viele Spiegel da, die Frauen wanderten. Sie trug ein enganliegendes schwarzes Kleid, das kaum verziert war und sich ihrem Körper anschmiegte, dazu einen großen, schwarzen Hut. Mir fiel ein, daß sie auch am Abend, wo sie mich angesprochen hatte, schwarz gekleidet war, und ich sah, ihre Blässe verlangte es. Ihr Profil war zart und hell. Sie hielt sich gut, schien gar nicht kokett, und selbst die diskrete Langeweile, die übrigens der Mattheit ihres Wesens entsprach, war durch einen Ausdruck von Güte und Freundschaftlichkeit so weit gemildert, daß sie für einen besonderen Reiz gelten konnte. Ihr Begleiter, ein kleiner Deutscher aus guter Familie, sympathisch, ernst, benahm sich, als ob sie seine Frau wäre; ein wenig abwesend, alles musternd, nachlässig zu ihr gehörig. Sie bemühte sich höflich um ihn.

Am nächsten Abend sah ich sie mit ihrem kleinen Freund neben dem Springbrunnen der Folies-Bergères, mitten unter anderen Frauen, die unförmig und aufgedunsen um das klare Wasser kreisten. Sie aber, die schön war unter der kristallenen Wolke, zeigte: sie war von anderem Geschlecht als die ... Als sie fortgegangen war, schien der Springbrunnen etwas von ihrer Schönheit, Schlankheit und Blässe bewahrt zu haben, wie eine Quelle, worin eine Nymphe untertaucht, noch lange ihr Bild behält. Vereinsamter Springbrunnen, dachte ich, der sich klar aus den Ausdünstungen dieser Weiber und aus der Niedertracht dieser ihrer Bauchmusik erhebt! Du: Quellwasser, Berg, Wald, Meer – plötzlich in der dicken Atmosphäre eines Bordells! O ihr Nymphen! Ihr Berggeister der kristallenen Lüfte, wie ist euer Atem rein! Ich spüre Sehnsucht in den Lungen ... Wenn sie sich auszögen, die hier Frauenhaftes feilbieten, und ihren Leib in den Staub des fallenden Wassers lehnten: welche Seele bestände die Prüfung?! Sie wären gerichtet durch die Schlechtigkeit ihres Leibes. Wären sie nicht wie blinde Scheiben? ... und noch die reinsten glichen den alten venezianischen Spiegeln, die man in unbewohnten Schlössern findet.

Ich horchte auf. Eine Stimme auf der Bühne sang ... Gleich schlug die rohe Musik sie tot. Ich dachte:

Man sollte für seine Geliebte eine Folge von Harmonien erfinden, welche die reinste, mitklingende Luft für das Erklingen ihrer Stimme wäre, für ihr langes Verharren, ihr langsames Sterben. Harmonien – nicht für ihre ‹Gesangstimme›, nein, ursprüngliche Klänge, die Mutterwelt, aus der *ihre* Stimme erstand. Sie wiederfinden! ... und sie wie einen Wald um ihren Gesang errichten, und ein Frage- und Antwortspiel zwischen dem Wald und ihrer Stimme, ein Suchen, Sichsuchen, und, zum Schluß, der ungeheure Einklang, lang ausgehalten: der schönste Augenblick dieser Vereinigung von Landschaft und Seele ... Mythologie! Psyche lernt singen!

Ich mochte dann nicht länger im *Quartier* wohnen bleiben. Die Examen hatten begonnen, jeden Abend fand ein Studentenumzug mit Lampions und Fahnen statt, immer unter demselben Gesang, immer mit demselben Abschluß; einer vollständigen Betrunkenheit in der *Lorraine*, im *d'Harcourt*, im *Panthéon*. Schließlich kam der 14. Juli. Zur Erinnerung an die Einnahme der Bastille verwandelten die Pariser ihre Stadt in eine Kirmes. Die Boulevards hinauf stand eine Verkaufsbude neben der andern. Wer keine vier Latten hatte aufbringen können, um damit ein Zelt zu bauen, betrieb sein Geschäft am Boden auf einem Taschentuch. Wo ein freier Platz war, drehte sich ein

Karussell, an jeder Straßenecke wurde getanzt. Die Musikanten saßen auf trikoloren Brettergerüsten, und Omnibusse, Wagen, Autos mußten warten, bis der Tanz zu Ende war. Dann gaben die Polizisten den Weg frei, um ihn wieder bei der ersten Lücke im Wagenzug zu sperren. Über die Straßen spannten sich zahllose Triumphbogen mit farbigen Glühbirnen. Es war märchenhaft.

Ich zog mich nach dem Löwen von Belfort zurück in die Gegen der *Closerie des Lilas*. Das ist ein Restaurant und Kaffeehaus, worin selten mehr als zehn Menschen versammelt sind. Wenn ich es zu Hause nicht aushielt, konnte ich dahin gehen und arbeiten, ohne gestört zu werden. Die paar Gäste, die sich mit mir in das Café teilten, spielten Schach oder lernten Zeitungen auswendig.

Eines Abends fand ich, noch ein wenig nach Montrouge zu, ein Lokal, das ebenso leer war wie die *Closerie*; aber auf dem Trottoir gegenüber standen viele Menschen und hörten der Musik zu, die hier weltabgewandte Konzerte gab. Fünf arme Konservatoristen hatten sich dem Wirt für die Abende vermietet. Sie machten Kammermusik. Die Zuhörer, Bewohner dieses Arbeiterviertels, verbrachten ihren Abend mit Frau und Kindern auf der Straße, standen schweigend da, sehr still, und viele waren blaß vor Aufmerksamkeit.

Hier verlebte ich Stunden, feierlich und heiter wie der letzte Akt eines Schauspiels, wo sich zum Schluß die Kulissen, mein Paris, auseinanderschöben und der Himmel offenstände. Hier war es auch, wo der Dichter Francis Jammes mir schwor, daß er den Tierhimmel gesehen habe.

In seiner Heimat, so sagte er, sei ihm auf der Landstraße

ein unansehnlicher Hase begegnet, und weil das Tier elend gewesen sei, habe er es geliebt. In der Folge seien sie Freunde geworden, wie selten zwei in diesem Leben voller Selbstsucht Freunde würden. Und es sei ein rührender Beweis mehr für die verständnisvolle Dankbarkeit der Tiere, daß der Hase ihn, den Dichter, bei einem mystischen Sprung in den Himmel mitgenommen habe.

Das allein hätte mich nicht sonderlich überrascht. Aber der Dichter fand im Tierhimmel einen Park, wo auch junge Mädchen waren, die man wegen ihrer tierhaften Anmut eingelassen hatte ...

Es war hell im Land, es gab viel Grün und Blau, einen Fluß im Tal, Weg überall, schiefe Ebenen von Baumgipfeln wie große Dächer, die sich an den Himmel lehnen, und keine Möglichkeit, an den Tod zu denken. Sie spielten eine Sonate, die sich bewegte, wie ein Trupp zuversichtlicher Herren und lächelnder Damen, die im Zickzack einen Berg hinaufreiten und mit entzückten Augen um sich schauen.

Ich dachte: Wie glücklich bin ich um dich, Ellen Parker! Also wurde deine Seele nicht ausschließlich einem traurigen Einsamen anvertraut, als du in einem florentinischen Frühling so sehr erblaßtest, daß zwischen einer weißen Verklärtheit und dir kein Unterschied mehr war, meine Freundin.

Wie glücklich bin ich für dich, deren Röcke jungfräulich mitgingen, wenn du neben Paul Merkel, deinem Geliebten, schrittest ...

deren Leib einen Erdgeruch ausatmete, wie von Heide und Thymian oder gemähten Wiesen oder einem jungen Wald, wenn es geregnet hat ...

deren Hände und Schultern stark waren ...

und deren Hüften, wenn sie sich in ihrer Bekleidung bogen, all das vergessen ließen:

die Rüschen so hell wie ein Fenstervorhang in einem verrufenen Haus, der bewegt wird,

das Höhlenhafte, Düstere solcher Orte, in einer hellen Stadt mit breiten Straßen, Brücken und Plätzen, und den ganzen Jammer, den man als Jüngling litt,

Entkleidungen wie das Umrühren einer dampfenden Suppe, der Unterkleider nach oben steigende Kaskaden, die plötzlich zurückgehen und verschwinden, wenn sie ihren Beruf erfüllt haben und die ‹Wirklichkeit› beginnt,

all das Kulissenhafte, bis auf die Spitzen an den weiten Hosen, die ganz perverse Entlarvung der Amazone –

Wie bin ich glücklich für dich, Ellen Parker, daß du unter einem Baum liegst im Tierhimmel, sorglos wie eine Vierzehnjährige, die auf dem Lande aufgewachsen ist, und aufspringend mit schlanken Tieren spielst, und daß ein Windhund, der sich an dir aufgerichtet hat, deinem Körper die Schönheit seines gestreckten, leise zitternden Rückens hinzufügt!

Und du, Lo, hast eine Zukunft, wie ich sie dir oft gewünscht habe.

Du solltest, sagte ich dir, in einem Garten wohnen. Der Garten wäre sehr groß und von einer hohen Mauer umgeben; unmöglich auszureißen. Hinten im Garten, unter Obstbäumen, hättest du deine Hütte, mit ausgewähltem Stroh, daneben stünde ein Brunnen mit klarem Wasser. Ringsherum, an der Erde, an den hundert Spalieren wüchse mehr, als du je essen könntest. Du trügest das dünne lila Kleid mit der lila

Halskrause, das wir alle kennen, hohe gelbe Schuhe, gestopfte Strümpfe aus *fil d'Ecosse* und gelbe Bänder von billiger Seide. Du wärst scheu, faul und zufrieden. Wenn es regnete, käme ich und legte dir eine goldene Kette um die Fußknöchel, damit du nicht in den Regen läufst und dich erkältest! ...

Ich hatte allerdings den Wunsch, am andern Ende des Gartens in einem Palast zu wohnen. Große Herren und üppige Damen, die Festungen anziehen, sollten bei mir verkehren ... Eigentlich sollten sie das nur des Kontrastes wegen. Nach dem Essen wollte ich sie in den Garten führen und ihnen meine Gazelle zeigen. Sie ständen in einem dicken Kreis herum und glichen einem an die Luft gesetzten Trödlerladen, während du dich zehn Schritte vor ihnen an mich lehntest, etwas lilafarben Zartes, Schnellfüßiges mit hellen braunen Augen, das im großen Garten verschwände, wenn ich es nicht für die Augen meiner Gäste festhielte ... Die Damen wären von deinem scheuen Wesen entzückt und fänden deine Augen schön.

Ich werde in keinem Palast wohnen. Ich werde nicht dort sein.

Aber du wirst deinen Garten haben, Lo.

Der Dichter hat ihn gesehen, im Tierhimmel, welcher der schönste aller Himmel ist, weil es dort außer euch keine Menschen gibt.

Du wirst deinen Garten haben, Lo. Er liegt im ‹Park›, wo auch junge Mädchen waren, die man wegen ihrer tierhaften Anmut eingelassen hatte.

Der Dichter hat ihn gesehen.

Den Dichtern muß man glauben, Lo. Dichtern zu glauben, schmeichelt.

Wie gut ich mich erinnere!

Sie spielten eine Sonate, die sich bewegte, wie ein Trupp berittener Herren und Damen, die ihre Pferde zügeln müssen, weil die Tiere Stallgeruch gewittert haben und vor Ungeduld an den Zügeln reißen. Es kam ein ernsthafter Einzug durch ein dunkles Burgtor. Der Trupp verschwand. Eine Weile tönte noch der Kontrabaß, wie eine Säule ...

Ihr holden Karyatiden!

Ich bin ein armer ungläubiger Christ. Aber als Kind hatte ich meine Madonna, und alle unsere Mädchen hatten ihre Madonna, und die Madonna, glaubt mir, ist euch wohlgesinnt. Unsere jungen Mädchen wissen das genau, wenn sie sich zum Tanze schmücken oder an den lauen Abenden, nach den Maiandachten, vor den Burschen auf und ab gehen. Sähet ihr sie im Halbdunkel sich bewegen und hörtet sie untereinander lachen, ihr würdet euere Schwestern gleich erkennen. Und unsere Madonna, das wage ich zu sagen, obwohl ich kein großer Mann bin, wie Perikles, unsere Madonna habe ich ebenso geliebt, wie Perikles euere Pallas Athene. Mit Herz und Sinn.

Und deshalb träumte ich, während die Sonate in Montrouge verklang, und sprach im Traum:

Meine Seele ist nicht zufrieden damit, daß diese Mädchen, die das Schönste sind, was an Menschen wächst, im vornehmsten der Himmel verschwinden.

Die Kirche lehrt, daß es Wesen gibt, die ihrer unbefleckten Reinheit wegen von Gott in seiner großen Güte auserwählt sind, damit sie die anspruchsvolle Stümperhaftigkeit der übrigen Menschen auf sich laden. Die Vielheit unserer Gefühle löst sich in ihrer reinen Einfachheit und geht eine Verbin-

Im Schlaf spür ich sie wie im Biwak um mich her,
Sie liegen da, die Zügel umgehängt,
Sie atmen, regen sich wie ich, sind leicht und schwer,
Und manchmal, wenn sich einer an den andern drängt,
Ersteht ein Klingen, dessen Widerhallen
In meinem Körper bebt wie Niederfallen
Von eines Brunnens Strahl in einem Vestibül.
Dann ist's, daß ich das Herz der Mütter zittern fühl!

Dann ist's, daß wild und süß die Liebe überfließt
In mir und jeder Kreatur,
Rakete um Rakete in den Himmel schießt,
Im Dunkel still steht jede Uhr.
Und klare Meere spiegeln lichte Sterne,
Die Früchte zeigen schamlos ihre Kerne,
Es strömt ein Licht von mir zum fernsten Land,
Es schlägt ein Wellenschlag von mir den fernsten Strand.

Drum, bin ich auch in mancher Stunde wie verdammt,
Ich weiß trotzdem: ein Schein von meinem Blut,
Wo ich auch bin, ob schlafend oder wach, umflammt
Mein Tun mit einer Glorie innerlicher Glut,
Darin ist alles das enthalten, was die Väter,
Ob sie Soldaten, Bauern, Sünder oder Beter,
Mit ganzem Herzen ausgelebt zu meiner Hut.

Stille Betrachtung nach den Zaberner Tagen

«Nun ist die Reihe an euch», sagte Schwarzhaar, als die ersten Nachrichten aus Zabern kamen.

Die Reihe an uns?

Wann haben wir denn aufgehört, an der Reihe zu sein?

Seit vierzig Jahren wohnt, bis über die Augen bewaffnet, ein rothaariger Koloß in diesem Land, er hockt auf dem Rand der Vogesen, um seine grobgestiefelten Beine in der Ebene, die Rebhügel hinaufkommen und gehn die Jahreszeiten. Er drückt auf das kleine Land wie auf die Mitte einer riesigen Schaukel – ja, und das ist denn auch das berühmte europäische Gleichgewicht. Und es geschieht wenig in der Welt und nichts Wichtiges, ohne daß man hier, wo des Kolosses Stiefel stehn, ein leises oder hartes Schwanken spürte. Ein politischer Seismograph könnte die geringsten Erschütterungen der ‹Weltlage› verzeichnen. – Hier, wo die Absätze auf seinem Leibe drücken, schlägt das Herz Europas am unruhigsten … und auch am schmerzhaftesten.

Ist es ein Wunder, wenn da jeder elsässische Bauer ein Europäer wenigstens insofern ist, als er darauf schwört, mit ihm könnte zugleich Europa geholfen werden? Der Reisende kann sich in jeder Dorfkneipe sagen lassen, daß «die Deutschen und die Franzosen nur zusammenhalten brauchten, damit – » Nun, damit endlich Ruhe ins Land käme und außerdem mehr Sicherheit in die europäischen Verhältnisse. Daß sie nebenbei für die allgemeine Abrüstung schwärmen, versteht sich von selbst. Sie möchten Gewicht und Geruch jener Stiefel von märchenhaftem Umfang los sein! Aber das gilt weniger für die Bau-

ern als für die Bürger in den Städten. Obwohl die ‹wiederge-
wonnenen Brüder›, seitdem sie wieder ‹zu Hause› sind, in der
deutschen Armee als *Wackes* traktiert werden, gehn die Bauern noch immer gern zu den Soldaten, und sie scheinen sich
dort nicht schlechter zu bewähren als zur Zeit des ersten
Napoleon, wo sie das Hauptquartier mit den robusten Lauten
ihres Dialekts erfüllten …

In diesem Land, das sich sehr zäh und, wenn es gereizt wird,
auch sehr laut weigert, schlankweg zu vergessen, was nicht vergessen zu werden verdient, und das bißchen französische Blut,
das durch seine Adern lacht, in der Umarmung einer sadisti-
schen Germania aus den Poren zu schwitzen, in diesem Land
gibt es eine Stadt, die am schnellsten, unmittelbar nach dem
Krieg, wie die Geschichtsschreiber sagen: an die deutsche Ver-
gangenheit anknüpfte und Bismarck eine ‹Ergebenheits-
adresse› übersandte. Das ist Zabern.

Es hat lange gedauert und kostete Mühe. Aber schließlich
ist es gelungen … Allerdings mußte schon das Militär die Sache
in die Hand nehmen. Zabern wurde germanisiert … Mit diesem Fremdwort bezeichnet man im neuen deutschen Reich
einen sehr schwierigen Handgriff der Verwaltungskunst. Er
besteht darin, Sonntagsspaziergänger und Kegelschieber von
Amts wegen fuchsteufelswild, ja wenn möglich, zu Rebellen
zu machen. Diese Kunstübung erfreut sich in Preußen eines
solchen Ansehns, daß ein Landrat, dem sie gelingt, damit das
Anrecht erwirbt, bei den nächsten Wahlen als Kandidat der
konservativen Partei aufgestellt zu werden. In Ermangelung
eines preußischen Landrats fanden sich in Zabern ein paar
blutjunge Leutnants und ein offenbar etwas ältlicher Oberst.

—

Während einiger Tage herrschte da, mitten im Frieden, die Militärdiktatur. Die Offiziere veranstalteten eine Razzia, der neben halbwüchsigen Gassenjungen und ehrbaren Bürgern ein Rechtsanwalt und die hohe Magistratur selbst zum Opfer fiel. Sogar der Staatsanwalt wurde festgenommen. Ein kleiner Leutnant eilte, von Soldaten mit aufgepflanztem Seitengewehr begleitet, durch die Straßen und rief, nachdem er unter dem Schutz der Bajonette Schokolade eingekauft hatte: «Wer lacht, wird verhaftet.» Ein andrer setzte einen lahmen Schuster außer Gefecht, indem er ihm den Degen in den Schädel trieb. Aber im Bericht las ich, daß er nach dieser Tat völlig erschöpft auf einen Stuhl gesunken sei ... Es scheint, daß der Koller, der den Wahnsinnsausbruch dieser Tage bewirkt hatte, selbst über seine zweifellos überspannten Kräfte ging. Der Junge war neunzehn Jahre alt, und er hätte vielleicht längst Abbitte geleistet, aber er durfte, er konnte nicht; des ‹Königs Rock› brannte vielleicht wie ein Nessushemd, aber «Tabu» schrien die Militärs und zeigten mit dem Finger auf das bunte Stück Tuch: «Tabu, Tabu», und im Reichstag, vor dem ohnmächtigen Bürgerzorn der Abgeordneten, hob der Kriegsminister beschwörend die Hand und wiederholte, zum Säulenheiligen erstarrt, vom hohen Rednerpult: «Tabu!» ... Auf der Tribüne saß der ‹Hauptmann von Köpenick› und grinste sonntäglich – der Augur! «Tabu», murmelte er und nickte.

Unser Wein wächst an der großen europäischen Straße, die das Mittelländische Meer mit der Nordsee verbindet. Die Rebhügel sind voll und zart geschweift wie eine ruhende blonde Frau, die sich auf ihren Arm aufstützt ... Unser Wein ist leicht und von der Farbe reinen Goldes. Er verwandelt die Menschen, die in meine Heimat kommen, um dort zu bleiben, seit mehr als einem Jahrtausend, verwandelt sie, unmerklich, ohne Gewalt, macht sie heller, leichter.

Da er rein aus der Brennerei unsrer guten Sonne fließt, ist es kein Wunder, daß er, in aller Stärke, die Seele unsrer Luft, unsrer Erde enthält und sie verschenkt. Und Menschen erobert.

Und seht, wie die, die das Land bewohnen, sich zu verteidigen verstehn, bewundert doch – statt die Hörner zu senken, weil ihr rot seht – , billigt ihren, für ein kleines Volk beispiellosen, so zähen wie schmiegsamen Trieb zur Selbstbehauptung – ihren ‹heimlichen Wahnsinn›, wie mir einmal ein unheimlich berührter Sachse sagte. Der hatte getan, wie die meisten unsrer (wohlwollenden) Rezensenten zu tun pflegen. Er verbrachte mutig seine Ferien hier, bereit, alles zu verstehn und alles zu verzeihen. Er verstand nichts, aber er verzieh trotzdem, weil er festgestellt hatte, daß die Elsässer noch immer deutsch sprachen. (Was gar nicht so dumm von ihm war!)

Dieses an geschichtlichen Wechselfällen überreiche Volk scheint, wenn man näher zusieht, in Wirklichkeit gar keine Geschichte zu haben. Es bricht nicht zusammen und gibt jedem Druck nur soweit nach, wie es ihm wohl ansteht. Dafür durchdringt es die, so auf ihm lasten, mit seiner ungeduldig leichten, schwerleichten, geduldigen Seele.

Unsre alten reichsunmittelbaren Städte sind nicht ‹tot›, Reichenweier, Türkheim, Oberehnheim mit ihren Türmen und Wällen keine bloßen Gemütsreize wie etwa das romantische Rothenburg ob der Tauber, das sich auf Ansichtskarten vielleicht sogar besser ausnimmt. Sie leben, und wenn ich sage:

sie leben, so will das nicht heißen, daß sie von der Fremden-industrie mit Erfolg ausgebeutet werden, oder daß in ihren Straßen so und soviel mal im Jahr farbenfroher Mummen-schanz getrieben wird, oder daß Sektionen des vortrefflichen Vogesenklubs die geschichtlichen Erinnerungen wachhal-ten. Sie wären gerade so lebendig, wenn sie sich nicht erinner-ten und werden es bleiben, solange die Wesensart dieser alten freien Bürgerschaften von Vater auf Sohn übergeht und sie ihr Weißbrot backen und ihren Wein trinken und, bald taten-durstig, bald zurückhaltend, dem doppelten Echo lauschen, das sich seit undenklichen Zeiten zwischen Rhein und den Vogesen verfängt.

Wer Gottfrieds Herzschlag zu hören vermag, wer die Pas-quille der Straßburger Reformatoren und die lachenden, pathetisch ausbrechenden Schriften ihrer Gegner liest und von den Kämpfen der Bürgerschaft unter Jakob Sturm wie unter Dietrich, von den Plebisziten, den Verhandlungen in Bor-deaux und den Septennatswahlen und heute in eine wichtige Sitzung des Landtags geht, der wird immer denselben Himmel über sich haben und immer dieselben Stimmen vernehmen.

Die neu ankommen, bilden kleine Kleckse auf unsrer Land-schaft, ihre Stimmen dissonieren. Aber bald haben sie, oder, wenn nicht sie selbst, so doch ihre Kinder, ihre Enkel unsre Farbe und sprechen wie wir.

Die andern bleiben nicht.

Allerdings gibt es auch viele Soldaten, die in Kasernen leben.

Aber die bleiben erst recht nicht.

Und über Fluß und Ebene und über den Rebhügeln schwebt das Lächeln der heiligen Odilia, stark und anmutig und ein

ganz klein wenig spöttisch – so weit das Lächeln einer Heiligen
spöttisch sein kann.

Ich träume weiter,
von Anmut, die sich bis zur Ekstase steigert,
von Leichtigkeit – selbst im Gewaltsamen,
von Musik, die noch immer Musik ist, auch wenn der Schlag
auf die Trommel plötzlich die Dissonanzen entfesselt und die
Roheit den Belagerungszustand verhängt.
Die Musik geht weiter – wie das Leben.

Geburt des Menschen

‹Militärische Notwendigkeiten› sind die gleiche Verruchtheit, wie die kirchlichen Notwendigkeiten, auf die sich die Inquisition, wie die kolonisatorischen Notwendigkeiten, auf die sich der Sklavenhandel berief, wie die wirtschaftlichen Notwendigkeiten, die der imperialistische Kapitalismus für seine Zwecke mobilmacht, und die vielen andern Notwendigkeiten, deren Erfinder und Nutznießer als romantische Gespenster auf dem Massengrab ihrer Opfer thronen: die *eine* große jahrtausendalte Blutpresse des Kannibalismus. Aber diesmal ist die Fläche, auf die sie drückt, zu groß. Man hört ihr Krachen von einem Ende der Welt zum andern. Die wirklich große Revolution ist da. Das Wort hat einen neuen Sinn. Es geht nicht mehr um den Besitzwechsel der Macht. Es ist nicht mehr der Sklave, der seine Fußketten abreißt, um damit seine Wächter totzuschlagen, nicht mehr der Bürger, der hinaufwill – der Mensch befreit sich, der Mensch erhebt sich, er will endlich aufrecht sein unter Sonne und Sternen, endlich auf zwei Beinen gehn über seine Erde, endlich menschliche Gesichter, seinesgleichen unter Wolken und Bäumen, um sich sehn, statt im Truglicht künstlicher Feuerwerke die blutrünstigen oder sentimentalen Fratzen von Götzendienern.

Berlin – Paris

Gesetz sollte sein: wer den Krieg geführt hat, darf nicht den Frieden schließen. Es ist unmöglich, daß, wer in die fechtenden Waffen verstrickt war bis ins Mark und in die kleinste Gehirnwindung, von heut auf morgen sich daraus befreien kann, sich selbst befrieden und also im Stand der Gnade sein, den Völkern den Frieden wiederzugeben. Dabei geht es nicht darum, ob der Kämpfer ein Soldat ist oder nicht. Dies kann nur einen Gradunterschied bedeuten, berührt nicht das Wesen. Krieg und Frieden, wenn sie ihren Namen verdienen, sind Gegensätze wie Feuer und Wasser, Engel und Teufel, ja und nein. Unmöglich, von einem Element ins andere zu schlüpfen, wie von der Weste in den Rock. Der Übergang bleibt allemal eine völlige Umwälzung. Der Krieg ist eine Revolution und der Frieden erst recht. Vertrauen zu Kerlen, die in vollem Schwung das Pferd wechseln, ist nur im Zirkus am Platz. […] Je größer das Genie der Zerstörung sich offenbart hat, umso weniger darf sein Schatten auf der Zeit liegen, die nach ihm kommt. Jeder Frieden, den Kämpfer geschlossen haben, war eine Drachensaat. So wird es immer sein […], Krieg zeugt Krieg. Der Frieden aber ist ein groß geduldig Werk, aus dem Geist und dem Blut befriedeter Menschen und die Arbeit von mehr Geschlechtern, als nötig gewesen sind, um die gotischen Münster in die Höhe zu führen. Zugleich eine Massenarbeit, weitschichtiger als die Erbauung der Pyramiden, die zielhafte Anstrengung einer Menschenmasse aus der breitesten Basis zum deutlichen Gipfel.

Blick vom Hartmannsweilerkopf

Unter der Abendsonne wurde die Erde grün, grün, als bräche ihr Blutschein hervor. Drunten im Tal leuchtete an drei, vier weit auseinanderliegenden Stellen der Rhein auf, das Tal zerfloß in seinen Wiesen, es schien abgründig in seinen Ährenfeldern, wie Leuchtbojen lagen darin Stücke Abendglut. Dies war mein Land, das ich mit schmerzlicher Liebe umfaßte, mein eigenes Geheimnis sah ich verklärt. Ich hatte mich tief zu ihm niedergebeugt vom Berge der Toten, als gelte es, den größten aller Toten, die Heimat, aufzuheben. Es war ein in gewaltig ruhiger Gewißheit atmender Leib, den ich berührte. Dies Land gehörte nicht mir, ich gehörte ihm. Es war eine große Person voll mütterlicher Zauberkraft, ja stärker noch als die leibliche Mutter, weil sie mit der Gewalt auch jener Mütter in mir sprach, deren Kinder mir Freunde und Verwandte waren. In dieses Tal, auf diese Berge fiel der Widerschein aller Menschen, die ich verehrte und liebte. In dieses Tal, auf diese Berge mußte ich zurückwandern aus aller Welt. Hier stand die Scheune, in die ich alle Ernte fuhr. Dies war der Punkt, von dem ich ausging und zu dem ich zurückkam, und dieser Weg: fort und wieder heim, zeichnete jedesmal genau die Bewegung des Fischzugs, den ich draußen getan hatte.

Das Land der Vogesen und das Land des Schwarzwaldes waren wie die zwei Seiten eines aufgeschlagenen Buches – ich sah deutlich vor mir, wie der Rhein sie nicht trennte, sondern vereinte, indem er sie mit seinem festen Falz zusammenhielt. Die eine der beiden Seiten wies nach Osten, die andre nach Westen, auf jeder stand der Anfang eines verschiedenen und doch verwandten Liedes. Von Süden kam der Strom und ging nach Norden, und er sammelte in sich die Wasser aus dem Osten und die Wasser aus dem Westen, um sie als Einziges, Ganzes im Meer zu tragen … und dieses Meer umschloß die große, von den jüngsten, unersättlichen Söhnen des Menschengeschlechts bewohnte Halbinsel, in die das zu gewaltige Asien deutlich endet … *Europa*.

[…]

Ich stand auf dem Hartmannsweilerkopf, Heimat um mich, Edelkastanie, Nußbaum und Rebe. Ich war aus der Ebene gekommen, wo die Pappeln den Himmel erhöhten; auf ihren Spitzen strahlte er zerreißend. Zwischen der Ebene und der Höhe, auf der ich stand, träumte ein Sandsteinbruch von unsern Münstern und den alten Palästen und Häusern, die in seiner Farbe die Heimat durchbluteten. Ich wußte, wo ich war: auf dem Gipfel des Friedhofs von sechzigtausend Männern, die einander hier getötet hatten und in ihrer sechzigtausendfachen grausigen Umarmung unter meinen Füßen lagen, wie der Tote von morgen den von gestern begraben hatte. Ich wußte es, und der Berg um mich war blutrot von den blühenden Weidenröschen und offen wie ein geplatzter Leib, der seine letzte Scham in der Tiefe seiner Risse und Höhlen verbarg.

Ich setzte meine Wanderung fort. War es nicht eine Verwandtenreise, die ich machte? Lag nicht von jedem Volk, aus jeder Landschaft Europas fast ein Sohn hier begraben? Ich reiste weiter, rund um den Hartmannsweilerkopf.

Rheinische Dichtertagung 1928

«Aouh, ist dieser Bach der Rhein?» hörten wir bald nach dem Krieg eine Amerikanerin ausrufen, als wir bei Kehl über die Rheinbrücke fuhren.

An jenem nebligen Vormittag erhielt unser Mißtrauen gegen die USA eine neue Stütze, gewissermaßen einen T-Träger, und jedes folgende Wort der Schlachtfeldreisenden war wie ein Pinselstrich von der roten Farbe, die das Eisen dauerhafter macht.

Für uns war das Stück Rhein zwischen Basel und Straßburg heroischer als alle Mississippis, der Ganges, sagten wir, konnte nicht erhabener sein. Und als richtig der Tag kam, da ich am Ganges stand, habe ich nur bedauert, daß die Völker Europas nicht auch wie die Inder in endlosen Scharen und aus allen Himmelsrichtungen kamen, um das Wasser ihres Stromes in kleine Messinggefäße zu schöpfen und es fromm nach Hause zu tragen – ihres heiligen Stromes, des Rheins.

Soweit ich zurückdenke, glänzt das Stück Zuversicht in meinem Leben: der Rhein. Lange Zeit führte noch eine Schiffbrücke darüber. Natürlich war sie viel schöner als die eiserne Chaussee, die sie ersetzte. Man ging so nah am Wasser, daß man den frischen Hauch der Nässe zwischen Mund und Augen trug, man hätte sich nur etwas zu bücken brauchen, um den Wellen über ihr Schaumgesicht zu streichen. Gleichzeitig fühlte man bis ins Mark, wie gefährlich tief und reißend es einem unter den Füßen hindurch ging. Man erkannte die Farbe der Gletscher, woher das Wasser kam, und wenn es regnete, war es fast schon am Meer. Wieviel Sommer dann in den niedern, halbtropischen Dschungeln der Altwasser, wo es von kleinen, stürmischen Bächen wimmelt, zwischen Lianen und Orchideen und wildem Jasmin! Über grünübersponnenen Teichen schließen Bäume so dicht, daß du den Himmel nicht siehst. Die Mädchen, die wir gelegentlich mitnehmen, lernen das Gruseln. Wir nicht. Wir sind die Gefahren der Wildnis gewohnt. Trotzdem haben auch wir zuweilen ein Zittern in der Kehle. Aber nur, wenn Mädchen dabei sind.

Als wir mit fünfzehn Jahren zum erstenmal über den Rhein *schwammen*, hielten wir uns für höllisch erwachsen. Es gab keine Mädchen, die mit uns über den Rhein geschwommen wären.

Nicht sehr lange danach das erste Gedicht, das gedruckt wurde:

Am Rhein entlang,
im Regen, der den Damm hinunterfegt,
bis wir in eine der Faschinenhütten schlüpfen, die,
ganz dicht ringsum, nur gen die Fluten offen stehn –
Die gehn stumm hoch, stumm nieder,
wie verhaltne Wut in weitem Auf und Ab, und
in die Wassertäler stürzt der Herbstwind nach,
klimmt auf die Höhn empor und fällt dann wieder
immer gestaut in seinem rasenden Gehn –
Dann plötzlich flammen tausend Schmiedefeuer
hinterm Horizonte auf ...

(Was sagte ich oben vom Mississippi?! ...)

Außerdem gab es bei uns Leute, die ‹über den Rhein gekommen waren› – haufenweise, andre, geringer an Zahl, die ‹über den Rhein gingen› (und gewissermaßen in einem Loch verschwanden).

Später und ganz von selbst erstand aus dem Erlebnis das Symbol. Der Spielplatz einer Kindheit wurde zur Straße der Völker und ihrer Geschichte, unversehens trabten auf ihr unsere Hoffnungen und Wünsche einem kulturpolitischen Ziele zu ...

Doch darüber zu sprechen, ist Sache des gelehrten Traumdeuters Alfons Paquet.

Triptyk

Wir fahren mit Fränzl hinüber.

Fränzl ist im Elsaß geboren und aufgewachsen und wird seine Heimat (hier gehört ein französisches Fragezeichen her) zum erstenmal seit 1918 wiedersehn. Im Krieg hat er sich als Artillerist zwischen Altkirch und Pfirt herumgetrieben und auf dem Lingekopf, wo das Herumtreiben ein Ende fand, Tauziehen mit dem Tode gespielt. Jahrelang am gleichen Fleck. Jetzt regiert er einen Haufen Preußen irgendwo im Osten, und es scheint, er muß sich bei ihnen oft in acht nehmen, um nicht wegen seiner welschen Allüren aufzufallen. Wahrscheinlich könnte er sich in seinem neuen Wirkungskreis gar nicht halten, kämen ihm nicht seine Schmisse und der Nachhall eines gewissen Tonfalls zu Hilfe, gewissermaßen freimaurerische Erkennungszeichen, die in der Republik nichts von ihrem Zauber verloren haben. Bei seinen Korpsbrüdern galt Fränzl als Fachmann, weil er nach ihrer Meinung vollendet Elsässisch sprach.

Schon weiß der Leser, wie Fränzl aussieht. Für den elsässischen Leser sei hinzugefügt, daß es tatsächlich unter den Korpsstudenten in Straßburg nette, wohlerzogene, gar nicht einmal dumme Leute gab, obwohl die Korpsstudenten, wie ich einräume, mit ziemlicher Regelmäßigkeit sich barbarischen Vergnügungen hingeben.

Kurz vor der Grenze tanken wir, und Fränzl, der es nicht abwarten kann, beginnt Elsässisch zu parlieren. Der alten Badenerin, die den Schlauch hält, erklärt er, und weil er sich in einer fremden Sprache verständlich machen muß, wiederholt er es mehrfach: er fahre jetzt ins Elsaß, um ‹seine› Schlachtfelder zu besuchen,

«Und darüber freust du dich», stelle ich fest.

«Eine größere Freude gibt es überhaupt nicht», versichert er. «Ich laufe zwischen Granaten und Minen herum, und es kann mir gar nichts geschehn.»

Also, denke ich, müssen auch die Gespenster glücklich sein, wenn sie das Leben heimsuchen. Fortan werde ich an kein trauriges Gespenst mehr glauben.

Inzwischen schreibe ich das Triptyk aus, eine langweilige Arbeit, in die eine vollgefressene Amsel, in Armweite auf dem Gartenzaun sitzend, hie und da einen Tonklecks fallen läßt. Alle Vögel sind heuer dick. Das kommt vom nassen Jahr, das ihnen die Regenwürmer in den Schnabel spülte. Davon weiß Fränzl nichts. Als ich ihn auf den wohlgenährten Kerl aufmerksam mache, meint er:

«Klar! Der ist halt von drüben.»

Zwei Kreuze

Wo die Straße hinter Neuenburg sich zu dem Gebiet der Altwasser hinabsenkt, steht ein Kreuz für die Gefallenen des Hartmannsweilerkopfes. An klaren Tagen kann man den Berg deutlich erkennen. Von hier gesehn, wie er sich an den Sulzer Belchen anschmiegt, scheint er weder auffallend noch bedeutsam – der gewaltigste Totenberg der Welt, das Grab von zwanzigtausend Soldaten. Während des Krieges war es anders. Da sah man ihn tagelang, nächtelang Feuer speien, und die Erde bebte von seinen Ausbrüchen.

Eine Tafel verkündet: «Wandrer, blicke gen Westen zu den Bergen, Helden dort starben für dich, bete für sie!» Das Kreuz auf dem Hartmannsweilerkopf hat sich später eingestellt. Es steht höher, es ist größer. Es gilt für Freund und Feind. Das Kreuz auf dem Hartmannsweilerkopf antwortet: «Erbarmt euch der Lebenden.»

Die Grenze

Unter dem Donnern der Planken wie dem riesigen Trommelwirbel eines Trauermarsches fahren wir über die Schiffsbrücke. Der Himmel ist düster und niedrig. Da der Rhein stromaufwärts eine Biegung macht, scheint er unmittelbar aus dem Himmel zu fließen. Er führt großes Wasser und schäumt zornig am Bug der Kähne hoch, die Ketten der Winden knirschen. Kein Mensch, kein Tier auf den Ufern.

Die entlaubten Pappeln stehen reglos trotz des Windes. Sie sehn abgerissen aus, tot vor Erschöpfung, die Herbststürme haben sie bis aufs Mark geplündert. Kein Laut außer dem Donnern der unter dem Wagen nachgebenden Brücke und dem fast unterirdischen Geräusch des Wassers. Wir atmen auf, wir sind drüben.

Der *Commissaire spécial*, die Gendarmen, die Zollbeamten sind Elsässer. Ich unterhandle mit ihnen. Als Fränzl sich mit seinem Elsässisch einmischt, werfen sie ihm einen raschen Seitenblick zu und antworten hochdeutsch. Er fühlt sich entlarvt und zieht sich mißmutig in das Innere des Wagens zurück.

Es beginnt zu regnen – in einer Art, die Dauer verspricht. Wir vertagen die Landreise und fahren nach Straßburg.

Das heißt: Wir schlugen die Richtung nach Straßburg ein. In Neubreisach, einer Militärstadt, die geblieben ist, wie Vauban sie erbaut hat, wo jede Straße samt Haus, Mensch und Tier auf dem Exerzierplatz steht und das Erscheinen des Platzkommandanten erwartet, in Neubreisach ließen wir uns verleiten, die Rheinstraße liegen zu lassen und auf Kolmar und die *Route nationale* loszusteuern. Nun ist ja diese Straße wirklich viel besser als die Rheinstraße, aber in Kolmar erinnerte sich Fränzl, daß Ammerschweier ganz in der Nähe war, und bekam Durst. Ammerschweier liegt nur einen Katzensprung von Türckheim entfernt – das Auto, das den Keller roch, rollte jetzt schon von selbst.

Im Wesen des Ammerschweierer Weines liegt es, daß er Durst auf den Türckheimer macht, der feurige Türckheimer bedarf der Besänftigung durch den Kaysersberger, und was den Kaysersberger anlangt, so ruft er den Reichenweierer wie eine Amsel im Frühling die andre. Überall probierten wir den Neuen – «wie sich's hier zulande gehört», betonte Fränzl. Er strahlte, weil seine Schmisse bei den Wirten sichtlich Vertrauen erweckten. Im Schatten des Dolders blieben wir liegen, denn: «Gegen den Reichweierer Sporen haben sie alle das Spiel verloren.»

Am andern Tag gegen Abend erreichten wir Straßburg, leider wieder nicht auf der musterhaften *Route nationale*. Nachdem wir Zeit und Ort unsrer Abfahrt verabredet hatten, erteilten wir uns einen achttägigen Urlaub.

Mein Zimmer im *Roten Haus* geht auf den Kleberplatz hinaus, und wenn ich auf den kleinen, runden Balkon trete, sehe ich ihn von allen Seiten. Mir gefällt er in seiner wiederhergestellten französischen Gestalt. Er hat sein Gesetz wiedergefunden (während der deutsche Bahnhofplatz das seine verlor, als man eine Wüstenei aus ihm machte). Kein einziger Baum, dafür aber ein Platz, ein Paradeplatz. Von meinem Fenster kann ich alles überblicken, was auf ihm geschieht.

Schön ausgerichtet stehn auf zwei Seiten die Autos in Reih und Glied, die beiden andern Seiten bilden das An- und Abmarschgebiet für die Elektrischen. Und dazwischen, rund um den alten Kleber, hält der Platz sich die Ellenbogen frei. Die Verkehrspolizisten helfen ihm dabei. Es ist ihre Hauptaufgabe, dafür zu sorgen, daß die Majestät des Platzes, die in seiner Leere besteht, niemals vom flüchtigen Geschlecht der Menschen bis zur Unkenntlichkeit verletzt wird.

Im Innersten dieses luftigen Tempels leben die Tauben. Sie sitzen dichtgedrängt auf dem Sockel des Denkmals. Darunter ruht das Herz, nur das Herz des in Ägypten ermordeten und begrabenen Generals. Wenn die Tauben in regelmäßigen Zwischenräumen alle miteinander plötzlich von dem unbeweglichen Denkmal abstoßen und das Licht des Tages auf schwirrenden Flügeln fächerartig über den Platz verbreiten, wirkt es in seiner Wiederholung wie ein ritueller Vorgang, der an die einstige Schwungkraft und den Glanz jenes Herzen erinnert.

Über die Dächer schaut der Münsterturm herüber. Ganz oben in seiner Spitze bemerke ich ein Gerüst. Auf meine Frage erfahre ich: das Kreuz, das wacklig geworden war, wird neu befestigt.

Während der Französischen Revolution stellten die Jakobiner den Antrag, den Münsterturm abzutragen, weil er ein Hohn auf die Gleichheit sei.

«Nein!» rief ein guter und kluger Mann (in seiner Art freilich ein Sozialverräter), «gerade das soll er: alles überragen, damit man ihn von weitem sieht, sogar vom andern Ufer des Rheins. Setzt ihm eine phrygische Mütze auf, und alles ist in Ordnung!»

So geschah es. Der Münsterturm überlebte die Schreckensjahre unter dem Schutz einer Jakobinermütze. Sie war aus Blech, und die Leute jenseits des Rheins nannten sie den ‹Kaffeewärmer›.

1870 wurde das Kreuz von der preußischen Artillerie krumm geschossen. Man bog es gerade.

Am 9. November 1918 wehte an ihm die rote Fahne. Diesmal hielt es sich gut, es blieb gerade. Die rote Fahne wich der Trikolore. Da machte es sich erst recht steif.

Der neue Bischof von Straßburg fand heraus, daß an Stelle des Kreuzes früher eine Madonna gestanden habe, und wollte sie wieder in ihre Rechte einsetzen. Er fand aber dafür keine Gegenliebe beim Gemeinderat, dessen Mehrheit in einem Kreuz das passendere Symbol für die Heimat erblickte. Das Kreuz rührte sich nicht, bis – die Zornesausbrüche der Nationalkatholiken gegen ihre autonomistischen Glaubensbrüder etwas fertig brachten, was nur der preußischen Artillerie geglückt war: das vielgeprüfte Kreuz bog sich vor Kummer und muß jetzt von kommunistischen Arbeitern wieder aufgerichtet werden.

II. November. Waffenstillstandstag. Die ganze Stadt flattert lustig im Föhnwind. Meist sind es Fahnen kleinen Formats, fast alle ein wenig verschieden. Offenbar hat jedes Kind in Straßburg das Recht, sich seine eigene Fahne auszusuchen und damit zu flaggen.

Da kommt bereits unsre Elitetruppe von der Parade zurück, die *Vieux de la Vieille*, eine Feuerwehr, wie es sie sonst in der ganzen Welt nicht gibt, die Garde der Elsässer unter den wechselnden Herrschaften, die Treuesten der Treuen, unsere Pompiers.

Schmuck sehn sie aus, und sie marschieren auch jetzt, wo sie sich dem niedern Volk zeigen, ihren Brüdern, Schwestern, Vätern und Kindern, als ruhe der Blick eines Marschalls von Frankreich auf ihnen. Keine Spur von Vertraulichkeit. Die Familienmitglieder und Stammtischbekannten, die vom Rande des Bürgersteigs ihr schönstes Fleisch und Blut bewundern, wissen soviel tapfere Zurückhaltung zu schätzen. Es ist nicht alle Tage Parade. Die Straße glänzt von freudigen Gesichtern.

Und was spielt die Musik? Was sonst als die *Sambre-et-Meuse*!

Ich muß sagen: so schön haben sie sie zur deutschen Zeit nicht gespielt. In knappem, gehacktem Rhythmus wird das geschmettert, die fünfzig Fäuste der Trompeter liegen hart auf dem tollen Schwung des Marsches – so wie ein Reiter die Zügel eines hitzigen Pferdes hält, damit es nicht durchgeht.

Großartig!

Und wenn sie die Clairons zum Munde führen, schlagen sie erst einige Pirouetten mit dem blankgeputzten Instrument, daß die Lichtspritzer bis zum vierten Stockwerk der Häuser hinauffliegen.

Sie marschieren wie Menjou, der Filmliebling, marschieren würde, wenn er Straßburger Pompier wäre, und tun ein bißchen arg schön mit den Hüften. Ein Aufmarsch von Tänzern, von denen viele appetitlich rund sind, wie sich's für elsässer Kleinbürger gehört.

In Scharen von Kindern ziehe ich neben unsern Pompiers die Gewerbslauben hinauf.

Am Ende der Gewerbslauben stürzen sich die Kinder zusammengeballt und mit der Wucht eines Schnellzugs aus dem Gewölbe. «Vive!» schreien sie. «Vive! Vive!» Es klingt langgezogen und schrill wie die Pfeife einer französischen Lokomotive.

Abfahrt

Die acht Tage sind herum. Langsam im Auto mit Fränzl durch das vormittägige Straßburg.

Die Stadt liegt, wie gewöhnlich um diese Zeit, in Dunst gehüllt.

Auf einmal spürt man, wie die Sonne sich vorbeugt und leise anfängt zu trinken. Ihre Tätigkeit nimmt zu, sowohl an Schnelligkeit wie an Umfang, bald kommt eine Sauferei in Gang, die alles in Bewegung setzt. Unter den gewaltigen Schlucken entblößen sich und schimmern die Häusergiebel gleich dem Innern eines goldenen Pokals, und die Sonne schielt hinein wie ein Zecher, der mit allen Sinnen genießt.

Fränzl erzählt von seinen Erlebnissen. Sie sind morgendlich trunken wie das Stadtbild, das uns umgibt.

Jetzt erscheinen auf den Häuserfronten rosagelbe Flecken – Stellen, wo die Sonne auf den Grund gestoßen ist.

Dann, eine Minute lang, steht vor uns die Straße in ihrer ganzen Länge zart gestreift, als hingen mittendrin Fahnen aus der Luft herab. Das Münster steigt auf, schaumgeboren.

Kurz darauf fahren wir in voller Sonne an der napoleonischen Wegsäule vorbei, auf der eingemeißelt steht: *Paris – Vienne*. Obwohl Fränzl fünfundzwanzig Jahre in Straßburg gelebt hat, sieht er sie zum erstenmal und wundert sich über die ‹Weitsichtigkeit des Korsen›.

III
Ein Porträt

Die Stadt Münster ist wieder aufgebaut. Was ich im Durchfahren von der Arbeitersiedlung sehe, scheint mir etwas süßlich und spielzeughaft.

In der Stadt selbst hat man solider gebaut.

Das frühere Bahnhofshotel, jetzt *Grand Hotel*, wo wir absteigen, ist ein reizendes, kleines *Palace* geworden, komfortabel, sogar weitläufig. Wir essen in einer Glasveranda. Der Wirt war fünfundzwanzig Jahre Chef in München, zuerst in den *Vier Jahreszeiten*, dann im *Continental*. Wir haben, erklären wir, wenig Hunger, da hilft er uns mit Sandwiches auf die Sprünge: Toastbrot mit Käse und Schinken, im Ofen aufgezogen. Ein guter Wein. Der Appetit, der Hauptheilige des Landes, setzt sich an den Tisch. Noch ein guter Wein. Fränzl spricht geläufig Elsässisch.

Schlaflose Nacht. Ich schmökere.

In den Tagebüchern Jules Renards stoße ich auf folgendes Porträt aus dem Jahre 1900:

«Frühstück bei Claudel. Er spricht vom Schaden, den die Dreyfusaffäre uns im Ausland gemacht hat. Dieser gescheite Mann, dieser Dichter riecht nach einem hitzigen, sauerblütigen Priester.

‹Und die Toleranz?› sage ich.

‹Dafür gibt es gewisse Häuser›, sagt er.» (Unübersetzbares Wortspiel. *Maisons de tolérance* nennt man in Frankreich die Bordelle)

«Die Leute haben – ich weiß nicht was für eine krankhafte Lust, sich dümmer zu machen, als sie sind, und ihre Verdummung nehmen sie den andern übel. Sie kennen nicht das Lächeln der Güte.

Und dieser Dichter stellt sich, als verstehe und bewundere er nur die Ingenieure. ‹Sie produzieren Wirklichkeit!› Alles das, wie banal!

Er hat spärliches Haar und einen ausweichenden Blick. Seine Seele ist magenkrank. Er kommt auf seinen Abscheu vor den Juden zurück, er kann sie nicht sehn und nicht riechen.»

Das ist es, das tägliche ‹Kriegsverbrechen›, das man dem politischen Gegner anhängt, die tägliche ‹Kriegspropaganda› gegen den verhaßten Mitbürger. Das sind die kleinen Türen, durch die eines Tages der große Krieg kommt.

Im Krieg rückten in des Dichters Seele an die Stelle der Juden die Deutschen. Claudel schrieb eine Weihnachtsmesse, worin die belgischen Kinder auftreten, denen die Deutschen die Hände abgehackt haben. Sie zeigen ihre blutigen Stummel und sprechen wunderbare Verse. Er ist heute noch überzeugt, daß die Dreyfusaffäre Frankreich im Ausland geschadet habe. Dagegen glaubt er nicht mehr an die abgehackten Kinderhände. Sonst hätte er wohl nicht seine Kolumbus-Oper in Berlin aufführen lassen.

Schratzmännele, Lingesattel, Lingekopf, Barrenkopf

Dort hat der Fränzl in der Hauptsache den Krieg erlebt. «Ich war schon oben», sagt er beim Frühstück. «Um mich zu orientieren, damit ich dich nicht aufhalte.» Er ist um sechs Uhr aufgestanden.

«Und?» frage ich.

«Es ist geblieben, wie es war, nur Unterholz ist nachgewachsen.»

Auf fester, breiter Straße (die Schlachtfelder werden ja auch hier in Autobussen besucht), auf Straßen, um die eine großartig heitere Landschaft sich entfaltet, fahren wir hinauf bis zu knapp tausend Meter Höhe. Von allen diesen Höhen haben die Granaten die Wälder gemäht. Die Baumstummel, die übrig blieben, treiben kein frisches Grün. Dazwischen liegen die großen Friedhöfe. Die Auffahrt, fast lautlos, im dritten Gang, in einer Landschaft, die mit uns aufschwebt und die Hülle ihres Wesens: die allzu große Nähe immer weiter von sich wirft, indes ihr deutlich geformter Leib wie nackt daraus ersteht, ist etwas so Stilles, so Einfaches und zugleich so Wunderbares, wie wenn sich dicht vor unsern Augen eine Blume öffnen würde.

Die Erde ist durchdrungen vom Licht, daß man oft im Augenblick nicht weiß, ob ein Bergrücken, ein Hang, das Stück eines Tales blau ist oder grün. Vertrauend hingegeben liegen die Berge unter dem Himmel, und die Täler, man sieht es am Glanz ihres Schweigens, vernehmen sein tiefstes Wort. Und es ist ein einziges Schlachtfeld, so weit der Blick reicht! Und jetzt der gepflegteste, mit allen Annehmlichkeiten ausgestattete Friedhof – so weit der Blick reicht.

.

Der Bergrücken vor uns heißt ‹Schratzmännele›. Das sind elbische Wesen, die dort im Steinbruch wohnen und, wenn sie einen Spaß haben wollen, nachts in die einsamen Gehöfte gehn und sich den Bewohnern als Alp auf die Brust setzen. Bis zum Krieg gab es noch Häuser genug, wo über den Betten Fäden gezogen waren, um die Schratzmännele abzuhalten. Die Gehöfte wurden zerstört und wieder aufgebaut, von überall grüßen ihre neuen Kalkwände herüber. Ob auch die Schratzmännele wiedergekommen sind? In diesem Fall tragen sie Uniformen, darüber kann gar kein Zweifel sein.

Fränzl, sehr ernst, erklärt mir die Schlachtordnung, die einst hier oben unter Granaten und Minen herrschte, dann bewundert er den Frieden und die Ordnung des deutschen Friedhofes auf dem Lingekopf. Ich weiß nichts andres zu erwidern als zu wünschen, jeder Lebende möge ebenso wie diese Toten seinen eigenen unverletzbaren Wohnraum besitzen, mit seinem Namen an der Tür und dem Datum des Tages, seit dem er nicht mehr gehungert hat.

«Und die Massengräber?» sagt Fränzl. «Du hast recht», antworte ich. «Genau gesehn ist es bei den Toten wie bei den Lebenden. Die Massengräber der Lebenden werden nur weniger beachtet.»

Heute nacht las ich im Tagebuch Jules Renards von seiner Reise ins Elsaß (1903). Er kam über den Col de Bussang, und als er elsässischen Boden betrat, fühlte er sich bedrückt. «Nicht, als ob ich den Verlust des Elsasses am eigenen Leibe spürte», schreibt er, «aber ich bilde mir ein, daß überall, wo ich hinschaue, ein Mensch getötet wurde.»

Er dachte an 1870, und ohne auch nur von weitem ein Soldatengrab zu erblicken. Was würde er heute sagen, wo an jedem Übergang der Hochvogesen sich meilenweit Soldatenfriedhöfe erstrecken, auf den Gipfeln, auf den Hängen und im Tal?

«Und lauter wohlhabende Leute wohnen in diesem Land», fährt er fort. «Man sollte meinen, sie hätten sich in die besten Winkel unseres Hauses eingedrängt. Da ich nie daran gedacht habe, kommt es mir vor, als wäre es erst gestern geschehn.»

Sein kleiner Sohn aber, auch das las ich heute nacht, schrieb in einem Aufsatz: «Die Liebe zum Kirchturm ist der Vaterlandsliebe überlegen.»

Was wohl der Herr Lehrer dazu gesagt haben mag? Wahrscheinlich: «Bravo!» Die französische Lehrerschaft stand damals in offener Empörung gegen die *patriotards*, die Patrioteriche.

Claudel hatte einigen Grund, die Dreyfusleute zu verabscheuen. Die meisten von ihnen verabscheuten den Krieg.

Der Schüler Renard aber war auch nicht dumm.

Die Vaterländer wechseln, der Kirchturm bleibt.

Drunten in Bozen haben sie Oskar Jerschke in die Erde gesenkt. Wir lesen es in der Zeitung.

Erstaunlich, daß so ein leibhaftiges Sommergewitter begraben werden kann! Aber verstummen? Wir hören es weiter rummeln und mummeln, freundliche Blitze umspielen uns, da wir an ihn denken – verstummen kann es natürlich nicht.

Er war die *vergnügteste tempête* von der Welt, «mit nicht ganz echtem elsässer Akzent», bemerke ich zu Fränzls Ärger. Er blieb es auch in der Verbannung, als die Donnerlocken dünn und weiß wurden und der erlösende Regen auf immer schmalere Landstreifen fiel. Schließlich war es nur mehr ein Hausgarten in Bozen, den er elementar betreute. Justizrat, Alter Herr des VDS, Lustspieldichter, Sturmgeselle, alles nun a. D. ... Was haben wir uns damals in Straßburg gezankt! Einmal wollte er mich sogar nicht mehr grüßen.

Ich glaube, am schwersten trug er den Franzosen nach, daß sie ihm sein Publikum stahlen und ihn mit einem übertriebenen Ruck aufs Altenteil jagten. Es ließ ihm keine Ruhe. Der Straßburger Münsterturm stand mit ihm auf und legte sich mit ihm ins Bett, er träumte nichts andres.

Träumte er aber doch einmal fehl, gewissermaßen profan, so konnte er gewiß sein, daß der Münsterturm sofort einen Alpdruck auf ihn ausübte. Deshalb verscheuchte er schon von weitem die Erinnerung an die Tantièmen des *Traumulus*, an sein ausgezeichnetes Anwalts- und Goldgräberbüro, den profunden Weinkeller und die Sauf- und Dichtabende mit Arno Holz und alle Herrlichkeiten, stich- und hiebfeste, der Straßburger Sommerzeit.

Ja, und dann saß er unten in Bozen, mit der berühmten Mucki, seiner Frau, und donnerte so vor sich hin – ein Sommergewitter, das nicht mehr von der Stelle rückt. Wir hörten es nur sehr gedämpft, versteht sich, denn zwischen ihm und uns lagen hohe Berge, auch weiß man heutzutage nicht, durch was für Hände ein auffallend gewichtiger Brief geht, bis er in die richtigen gelangt. Aus der Tiroler Diaspora richtete er nämlich Sendschreiben an seine Gemeinde in Deutschland, dicke Kettenbriefe, die von einem zum andern wanderten, bis der letzte Empfänger sie auftragsgemäß in das Archiv tat. So sparte er Porto, wie er, dem dies gar nicht recht war, an allem sparen mußte, seitdem er 1918 gründlich ausgeplündert worden war.

Auf den Poincaré war er nicht gut zu sprechen, aber auch nicht auf die deutschen Behörden, die mit den vertriebenen Elsaß-Lothringern zu tun hatten, und er zählte ausführlich die Gründe her. Auch die deutsche Literatur ging ihm gegen den Strich. Er wollte sie in Ordnung bringen, indem er mit Arno Holz ein neues Stück schrieb. So polterte, lachte, seufzte er, rummelte und hustete kriegerisch bis zuletzt.

Alle möglichen Regierungsmethoden, von der Weisheit König Salomons bis zu den Rauheiten Napoleons und Bismarcks, wohnten zusammen in seiner Brust, und er empfahl sie abwechselnd zur Verschönerung seiner geliebten Elsässer.

Er konnte lachen wie keiner. Wenn er zwischen unsichtbar wehenden Fahnen dastand und furchtbar grollte, lachten die andern. Keine Seele glaubte ihm die Wut. Zu deutlich hatten ihn die Musen auf das Nasenbein geküßt. Er liebte es, Gedichte vorzulesen. Dann bebten die Wände, und die Straßenbahn vor den offenen Fenstern blieb erschrocken stehn.

Er war ein braver Mann, groß, geräumig, glitzernd wie Wind in den Bäumen.

Guter Jerschke! ...

«Singen wir zu seinem Gedächtnis», schlug Fränzl vor, «die elsässische Fassung von *Marlbrough s'en va-t-en guerre!*»

Wir taten es, und bei der unvergleichlich schönen Stelle:

Ich hab sein' Seel sehn flattern
In den Lorbeerblättern herum ...

erhoben wir uns feierlich von den Sitzen.

Die letzten Gräfinnen von Pfirt

Zwischen Altkirch und Pfirt ist vom Krieg nichts mehr zu sehn, obwohl wir bis in die Felder vorstoßen und mit dem Wagen im Lehm stecken bleiben. Ein Bauer, der Rüben ausnimmt, kann zwar Fränzl genau sagen, wo eine deutsche Batterie stand, aber über der Stelle wachsen eben längst wieder Rüben. Das Land zwischen Altkirch und Pfirt besteht aus weiten Wiesenflächen mit Bächen, einzelnen Baumgruppen und bewaldeten Hügeln als Hintergrund. Eine Parklandschaft, ein großes Lustgärtlein des Friedens.

Da es ein schöner Tag ist, bleiben die Felder belebt, bis die Abendglocke in den Dörfern läutet. Dann gehn und fahren langsam Menschen nach Hause, die niemals, niemals Krieg führen würden, wenn man sie nicht gewaltsam dazu anleitete.

Und wozu all diese Kriege? Bei unsrer letzten Rast auf elsässischem Boden, in Pfirt, lesen wir im Vogesenführer des Jahres

1911: «Die letzten Gräfinnen von Pfirt wurden durch Heirat mit Habsburgisch-Lothringischen Fürsten und Zähringer Herren Stammütter der meisten noch jetzt regierenden mächtigeren Häuser Europas, besonders der Häuser Habsburg und Hohenzollern.»

Auf den mächtigeren Häusern Europas wachsen Rüben.

Citoyen français und deutscher Dichter

Lieber, verehrter Paul Block,
vielen Dank für Ihren famosen Brief. Wer schreibt denn heutzutage noch solche Briefe?!
Aber ich entnahm ihm, daß mein Gentleman-Engel von einem
Verleger Ihnen mein Buch vorenthalten hat – entnahm es
wie eine körperliche Kränkung. Und die mußte ich wieder
gutmachen.
Unter diesen Umständen dürfen Sie es mir nicht übel nehmen
d'avoir forcé la consigne.
Inzwischen ist der Kolmarer Prozeß mit Schande zu Ende
gegangen.
Sehen Sie, lieber Paul Block, da herrscht über Elsaß-Lothringen ein General-Staatsanwalt, der mich in seinem Plädoyer
einen «notorischen Feind Frankreichs» und einen «badischen
Schriftsteller» nannte – in einem Land, wo jeder zumindest
meine Familie kennt. Ist das nun Dummheit oder böser Wille?
So war es mit allem in diesem Prozeß.
Ich persönlich bin nicht Autonomist, weil bei einer Autonomie
doch nur eine klerikale Krähwinkelei herauskäme.
Wofür ich bin, brauche ich *Ihnen* nicht zu sagen. Nun habe ich
meine drei ältesten Jugendfreunde in der Kammer sitzen,
die richtig die drei Extreme vertreten (und soviel und noch
mehr Extreme gibt es in der Politik): Grumbach Sozialist,
den die *Action française* wählen half, den Präsidenten der katho-

lischen Volkspartei Thomas Seltz und Camille Dablet
(den François Kern aus *Blick auf die Vogesen*). Könnte ich nur die
drei zusammenspannen!
Aber es wird nicht gehn.
Herzlich grüßt Sie Ihr alter Junger Mann
René Schickele

Ex-membre du Syndicat de la Presse étrangère.
Citoyen français und deutscher Dichter,
Mitglied der Preußischen Akademie der Künste;
leibhaftiger Vetter des Direktors des Sanitätsdienstes im französischen Kriegsministerium Antoine Schickelé, der immer
davor zittert, meinen Namen in französischen Zeitungen
auftauchen zu sehn –
Auch bitte ich Sie, niemand diese Verwandtschaft zu verraten,
obwohl gerade Painlevé – nun, Sie wissen ja!

Der Neue Wein

Wohin man blickte, waren die Wälder bunt, von innen heraus leuchtend, reglos.

Man hörte die Züge in der Ebene pfeifen und hörte Kinderstimmen, die sich in der Luft überschlugen, ohne daß man hätte sagen können, woher sie kamen, hörte das Knirschen eines Fuhrwerks mit Langholz, das weit weg im Wald den Berg hinabfuhr. So wunderbar klar hörte man sonst nur im März und April.

Da auch die Gänseblumen und Veilchen blühten, hätte es in der Tat Frühling sein können. Kein Vogel dachte daran, die Winterkurplätze aufzusuchen, oder aber sie hatten alle geträumt, sie seien schon von dort zurückgekehrt.

Eines Morgens blühte hier ein Birnbaum, dort ein Apfelbaum, und im Wald traf ich ein Vogelpaar, das sich allen Ernstes um die Herstellung eines Wochenbetts bemühte.

Natürlich war es doch anders als im Frühling – so pomphaft deutlich waren die Bäume im Frühling nicht! Jetzt konnte man von Baum zu Baum gehn und jeden bewundern, Wege, die der Sommer unter seinen Laubmassen verborgen hielt, kamen plötzlich ans Licht gesprungen, und wie sie kreuz und quer über die Hügel setzten, verlockten sie einen mit der Lustigkeit junger Hunde, alles liegen und stehn zu lassen und es ihnen gleichzutun.

In der Ebene brannten die Kartoffelfeuer und dufteten bis herauf. So war es Ende Oktober. So blieb es bis tief in den November.

Man hatte zu tun! Halbe Tage lang war ich unterwegs, versuchte den neuen Wein, wie er zwischen dem Kaiserstuhl und Hügelheim und dem Müllheimer Reggenhagen gedeiht, bekam braungelbe Finger vom Schälen der Nüsse und fuhr zu guter Letzt ins Elsaß hinüber, um auch den dortigen zu versuchen. Dies unter dem Vorwand, einem Bekannten aus Schwabenland die verlorenen Provinzen zu zeigen, hauptsächlich sein besonderes Stück daraus, die ehemals württembergische Herrschaft Reichenweiher, wo der beste Riesling des Landes wächst.

Wir waren auf einen Abendschoppen gekommen und blieben fünf Tage.

Bei der Heimfahrt standen die Weinberge glühend rot an der Straße, und über ihnen tanzten, soviel wir sehn konnten, pfingstliche Zungen. In Massen! Man hätte die ganze verstockte Welt mit ihnen versorgen können.

Wir rieben uns die Augen und erkannten, daß es sich um die Rebstecken der Weinberge handelte, die mit unruhigen Spitzen in der Sonne flirrten.

Hinter Kolmar ging die Sonne unter. Gleich wurde der badische Belchen schwarz wie der Teufel – und recht bedrohlich mit seinem Stiernacken.

Als wir bei Breisach über die Schiffsbrücke fuhren, stürzte der Rhein mit einem Riesenmondlächeln auf uns zu.

Das Lächeln fand selbst in der Unmenge von Strudeln nicht Platz genug. Es bedeckte die Ufer und kletterte bis in die Spitzen der Pappeln.

Da stand ich im Wagen auf und bot dem Rheinlächeln alles, was hell an mir war, zum Nisten an und versprach, die Brut getreulich zu hüten.

Erlebnis der Landschaft

Ich erinnere mich, wie ein junger Dichter, der den Krieg als Artillerieleutnant mitgemacht hatte, mich um das Jahr 1921 besuchte. Er kam müde und verstimmt aus dem Ruhrgebiet, wo er Monate unter Tag gearbeitet hatte, um Geld für sein Studium zu verdienen. Ich führte ihn auf einen Berg und zeigte ihm die Schätze der Erde.

Kaum aber ergriff ihn die Schau über die Rheinebene, die Vogesen, die Weinberge, die dem südlichen Schwarzwald vorgelagert sind, und wollte ihn entrücken, als auch schon das wiedergewonnene Freiheitsgefühl in ihm sich seltsam empörte. Sein Artilleristengehirn begann nach Deckungen, Richtpunkten zu suchen, in einer Art Schwärmerei führte er Krieg mit Kanonen in dem gewaltigen Garten, der sich seinen Blicken darbot. Er verließ uns, ohne etwas andres von hier mitzunehmen als die Erinnerung an eine etwas phantastische Reliefkarte eines Kriegsschauplatzes, in die er allerhand Einzeichnungen gemacht hatte. Dabei hatte der Krieg ihn nie in diese Landschaft geführt, er sah sie zum erstenmal.

Seitdem weiß ich: auf ihrem langen und vielfältigen Rückzug aus dem Krieg werden die Jungen nur mühsam und mit stockenden Pulsen zur Landschaft, zu ihrer Kindheit zurückfinden. Sie werden vierzig Jahre alt werden, bevor sie von neuem unschuldige Erde betreten, bevor mit der sich verflüchtigenden Zweckhaftigkeit des Blickes die Bereitschaft zur Empfängnis wiederkehrt. Mit Politik hat das nichts zu tun, nicht einmal damit, in welchem Geiste einer den Krieg erlebt hat. Für alle war der Krieg da: Mondlandschaft, wissenschaftlich erzeugtes und beherrschtes Erdbeben, Zusammenbruch. Alle, die ihn erlebt haben, hat er erst einmal um und um gekehrt.

Um das Maß der Unschuld, der Glücksfähigkeit in sich zu ermessen, trete man vor die Landschaft. Selbst bei Künstlern, die keine oder nur eine geringe Beziehung zur Landschaft zu haben scheinen, etwa (um zwei Gipfel und Gegensätze zu nennen) Dostojewski und Raffael, stellt sich das Werk auf seinem Höhepunkt als geheimnisvoll verwandelte Landschaft dar, oder, mit einem Wort von Novalis: das Äußere, das Werk ist ihr «in Geheimniszustand erhobenes Inneres», das Innere aber wiederum unbedingt das Abbild einer Landschaft, nämlich der Kindheit.

Andere, die so beschaffen sind, daß die Landschaft unmittelbar zu ihnen spricht, und denen der Umgang mit ihr zur zweiten Natur geworden ist, empfinden sie als ein lebendiges Wesen, lesen ihr Leben von ihren Zügen ab, hören sie für sie sprechen, wandern in ihr wie mit der lautlosen Einen oder dem dramatischen Chor, der bald Freund ist, bald Feind. Am tiefsten gestaltet sich diese Zwiesprache, wenn es sich um die Heimat handelt, das heißt die naturgewonnenen Worte und Gebärden der Vorfahren, die mütterliche Form, die uns gebildet.

Im südlichen Schwarzwald liegt ein kleiner Kurort Badenweiler. Er verhält sich zu Baden-Baden wie Kammerspiele zum großen Theater. Er trägt ein adelig stilles Gepräge. Von den Waldwegen sieht man in die Schweiz und das Elsaß hinein. Es ist, seitdem das Elsaß wiederum zu Frankreich gehört, eine Dreiländerecke. Hier wachsen Pappel, Edelkastanie und Rebe. Es gibt Pinien und Zypressen, ein dem Ort seitlich vorgelagerter Hügel, den heute ein herrlicher Buchenwald bedeckt, heißt der Ölberg, weil die Römer, die auch die Rebe hierher brachten, dort ihre Ölbäume stehen hatten. Durch die Burgundische Pforte, zwischen Vogesen und Jura, das Einfallstor der Völkerwanderungen, eilen die Gedanken in das Reich des Lichts mit der himmlischen Küste, in Roms ‹Provinz›, die Provence. Nach Avignon ist es nicht weiter als nach München, nach Marseille nicht weiter als nach Berlin. Hier habe ich mein Zelt aufgeschlagen.

Als ich noch den Platz suchte, wo ich mich niederlassen wollte, traf ich den Maler Emil Bizer, und dem war es gleich so klar wie der Herbsttag, der uns zusammenführte, daß es nur hier sein könnte. Er nannte mir keine Gründe, sondern ging mit mir spazieren. Wir sprachen nicht viel, aber vom ersten Tag an gingen wir nebeneinander her wie Freunde, die Wege und Waldwinkel ihrer Kindheit aufsuchen. Vom Hochblauen hinab zum Rhein, von Freiburg bis Basel, Blatt um Blatt des Bilderbuches schlug Bizer mir auf, mit leichtem Finger, schon im Weiterwandern, mit einem guten, flüchtigen Ernst in den Augen, der zu fragen schien: «Erinnerst du dich?»

Und wenn etwa von Paris oder Berlin die Rede war, so sprachen wir davon wie zwei rheinische Alemannen, die mit Freude und Gewinn in Paris und Berlin gewesen sind. Einmal war eine Dame mit uns, die fiel bei dem Wort ‹Paris› in eine Art Rauschzustand – gleich rühmten Bizer und ich das nüchterne, wuchtige Basel. So fand ich nicht nur einen neuen, schönen Winkel meiner schönen, alten Heimat, sondern zu dieser Landschaft auch gleich einen Kameraden.

Wir sind nebeneinander aufgewachsen, Bizer rechts, ich

links des Rheins, im großen geründeten Garten zwischen Vogesen und Schwarzwald, der so eins und unteilbar ist, daß die politischen Grenzen deutlich als eine Fiktion erscheinen.

Es ist die Landschaft, die im *Simplizissimus* Grimmelshausen, auf einem Vorberg des Schwarzwaldes sitzend, als die Gegend schildert, «in welcher die Stadt Straßburg mit ihrem hohen Münsterdom, gleichsam wie das Herz mitten in einem Leibe beschlossen, hervorprangt», und die Philesius am Ende des fünfzehnten Jahrhunderts in seinem Vogesengedicht überaus anmutig besang:

«Hier wächst lieblicher Wein auf sonnengesegneten Hügeln ...»

Wird nicht jeder Badener, dem ich das Gedicht vorsage, lächeln wie einer, dem man von seiner vertrauten Liebe spricht? Nicht minder erkennen wir Elsässer in Hebels Gedichten und Geschichten und selbst in Thomas Bildern den Abglanz unsrer Täler und Hänge. Daß sie dennoch verschieden sind, erhöht den Reiz der Familienähnlichkeit. Links des Rheins sind die Menschen lebhafter, glatter, aufgeweckter in jeder Beziehung, die Berge spröder und abseitiger. Auf dem rechten Ufer verhält es sich gerade umgekehrt. Da sind die Berge ein einziger, weitgeöffneter Park, alte Rast- und Erholungsstätte, wo schon alle Sprachen der Erde geklungen haben, die Bewohner aber eckiger, unzugänglicher, vielfach noch ganz in sich versunken. Der Fremde sieht den Unterschied greifbarer bei den Menschen, wir Alemannen empfinden ihn stärker in der Natur. (Um die Unterschiede in einer so kunstvoll geschlossenen Landschaft zu erkennen, muß man darin leben, die Unterschiede des Temperaments stoßen dem Fremden eher auf.) Im übrigen sehen die meisten, wie sie sehen wollen, nämlich politisch. Weshalb über keinen Erdenfleck so viel albernes Zeug geschrieben und geredet worden ist wie über diesen.

So ist das alemannische Rheinland.

Hier bin ich geboren. Hier bin ich zu Hause. Heimat, das ist für uns eine so köstliche, so lebendige Tatsache, daß wir darüber die unvermeidlichen Irrwege vergessen. Menschen und Umstände können uns die Heimat verstellen, so daß wir nicht zu ihr hinfinden, sie verloren geben. Aber immer sind wir selbst es, wir allein, die ihr, notgedrungen oder leichtfertig, untreu werden, und wir brauchen nur reinen Herzens *da zu sein*, um den Ursprung wiederzufinden.

Es geschah mir nicht selten, daß mir hüben oder drüben des Rheins, hier in meiner Heimat, das Aufenthaltsrecht bestritten wurde, nicht gerade polizeilich, aber moralisch. Ich wußte dann nie, sollte ich weinen oder lachen über die Leichtfertigkeit eines zufällig in diese Gegend gewehten oder als Ladenhüter hier zurückgelassenen Zeitgenossen, der sich beschwerte, daß ich denselben Boden mit ihm trete: den Boden, mit dem alle meine Vorfahren ins Grab gegangen sind und worin sie treu liegen, dort, wohin sie gehören, in der großen alemannischen Familiengruft. Und auf dem ich nicht als Gewerbetreibender oder Verwaltungsbeamter stehe, bereit, einen andern Laden aufzutun, der sich besser verzinst, oder einem neuen Herrn zu dienen, wenn der alte bankrott ist, sondern als lebendiges Gewissen und lebendiges Lied dieser Landschaft.

Nein, wohin wir, im höchsten wie im gewöhnlichen Sinne, gehören, was *Heimat* ist, das wissen wir besser und um so mehr, als unser Horizont keineswegs im Umkreis unseres Nestes beschlossen liegt. Wir sind weit gewandert, haben viel von der Welt gesehn, fremde Völker und Meere genug, wir werden hoffentlich noch oft den Wanderstab ergreifen. Wir verwechseln nicht den Hahn unseres Kirchturms mit der (übrigens recht irreführenden!) Freiheitsstatue im Hafen von New York oder anderen Sichtpunkten des Weltverkehrs. Aber mein Blick wandert vom Tisch zum Fenster hinaus auf die Hügel, die sich in die Rheinebene senken, und weiter zu der Linie der Vogesen, und ich genieße die gleiche Freude, wie wenn ich die Bewegung von Gemüt und Sinnen, die der Blick erzeugt, aus den Augen eines geliebten Wesens schöpfe. So persönlich sind für uns die Züge dieser Landschaft. So angefüllt mit Erinnerungen, Versprechen, Bekenntnissen.

Da sind Hügel (auf einem davon sitzt eine Ruine), wirklich wie von spielenden Engelshänden zusammengeschoben, und auch die beiden Sperber im unendlichen Himmel haben nicht mehr Gewicht als das Phantasiebild eines Kindes. Dort eine bitter zerraufte Tanne: sie trotzt an der Nordecke eines Vorberges, wo der Wind sie zerreißt, das Moos sie auffrißt. Nur um weniges entfernt zeigt sich eine vergnügte Baumgruppe, hier nämlich scheint die Sonne, das Grün strotzt von Saft und Licht, und dann folgt am Fuß des Buckels ein Etwas, nichtssagend, die Holzwolle des ausgeleerten Spielzeugkastens, ein Schatten, ein paar Punkte – das ist der kleine Kurort, Badenweiler. Die Art, wie er in das Bild gehaucht ist, so daß es nur herausfindet, wer die Landschaft genau kennt, dem aber, der es entziffert, das Herz höher schlägt, das klingt mir wie ein Gedicht im Ton eines Volksliedes.

Was sehe ich noch? Einen dieser selben Hügel, die sich eben noch fröhlich aneinanderduckten, jetzt aber, nah und groß gesehen, erhebt er sich, gewitterhaft aufglänzend unter dem Fetzen Himmel, der aus der Rheinebene herüberhängt. Alles an ihm ist Bewegung – Bewegung wie in einer alten Tragödie. Dann einen Vorberg, hinter dem die Hügel sich in hängende Weingärten verwandeln, und zuletzt stößt der Blick unter einem aufschwebenden Vorhang in die Ferne, wo die Umrisse der Vogesen sich mit denen der Wolken vermischen. Manchmal liegen Berge und Tal im Dunst, dann herrscht über der Ebene die Weite des Meeres.

Jetzt ist die elsässische Ebene zum Greifen nahe – morgen wird es regnen! Deutlich erkenne ich das Rheindorf, das dicht am Strom liegt, über die Ziegeldächer schweift das Auge, über den Rhein und die elsässische Ebene (mit der italienischen Pappel im Wappenschild), die Vogesen krönt am Abend ein lichtes Wolkengebilde, und alles strahlt in jugendlicher Anmut, in einem Singsang von Licht.

Als ich hierher kam, war ich ein toter Mann. Für immer schien sie mir zerstört, die herrliche Welt, und ich wußte keinen Ausweg aus den Trümmern, wo es von den Hyänen des Schlachtfelds wimmelte und den Schakalen der Lüge und den Schlangen, die bei der Verwesung wohnen. Wie unzählige andre ging ich in einem bösen Wachtraum umher, in den Städten schossen und schrien sie weiter, und so viel glaubte ich erfahren zu haben: mit Schreien und Schießen war den Menschen nicht zu helfen. Ich war bescheiden geworden, ich erhob meinen Anspruch nicht mehr zu den andern, was gelten sollte, mußte erst einmal für mich gelten. Und mir jedenfalls war mit allem Händel nicht einen Schritt weiter zu helfen, dies wußte ich und sagte es mir vor, während ich über Hügel und Täler lief und hart arbeitete, um für mich und die Meinen die notwendigsten Lebensmittel zu beschaffen.

Zwei Jahre vergingen so, drei, vier – ohne daß ich mehr dachte und begehrte, als mein Leben zu fristen, versteckt und halb verschollen, doch immer inniger befreundet mit der Landschaft, der Kindheit, die mich voll unerschöpflichen Mitgefühls umgab.

Sie sprach zu mir, ohne daß ich es hörte, kaum, daß ich nachts im Hochwald den Laut der kleinen Wasser vernahm. Ich schien nicht zu hören, und jedenfalls lauschte ich nicht. Ohne es zu merken, öffnete sich mein Wesen weiter und weiter, die äußeren Bilder durchfluteten mich, wie ich, weit aufgeschlossen, durch die Jahreszeiten schritt. Ich ahnte nicht, daß diese äußern Bilder, wie der körperliche Blick sie streifte, Gestalt und Farbe meiner tiefsten Erinnerungen waren, die sich anschickten, von meinem ausgehöhlten Menschen Besitz zu ergreifen. Und langsam aufwachend, bildete sich mein zerstörtes Inneres neu nach dem Bilde der Landschaft, die meine Wahrheit war, Wurzel und Krone des Lebens, sie und nichts andres.

Ohne daß ich gerufen hatte, wurde mir eines Nachts, als ich abgemüht nach Hause kam, die Antwort – die *erste*, ungeahnt, überwältigend. Wie alles Vollendete enthielt sie mit dem ersten zugleich auch das letzte Wort. Beim Anblick meines langen, niedern Hauses am Rande des Hochwalds trat ich, von einer Ekstase erfaßt, in das Geheimnis allen Lebens ein. Ich fühlte in seliger Erschütterung, von der die Nacht lautlos widerhallte,

die Vermählung der Landschaft mit meinem wiedergefunde-
nen und geläuterten Ich. Als schwacher Abglanz nur und trü-
ber Laut blieb mir von dieser Stunde ein Gedicht.

Ich wandere
Am schwarzen Wald entlang
Nach Haus.
Aus einem einzigen Stern am Himmel
Bläst der Wind
Immer den gleichen Funken.
Als fürchte er die Nacht im Wald
Und hüte für das Tal, das sie bedroht,
Dies Lichtlein in der Not.

Plötzlich gießt der Mond
Sein Füllhorn aus!
Der Hügel blüht als Weißdornhecke
An einem See,
Darinnen Dorf und Tal versunken.
Mein weißes Haus, die Arche,
Schwimmt darauf
In atemvoller Stille.
Nicht einmal die Hunde rühren sich,
Da ich den Hof betrete,
Im Traum nur hören sie mich kommen.
Süß beklommen,
Öffne ich die Tür und trete
In ein Geheimnis ein.

Im dunkeln Zimmer,
Im dunkeln Bett,
Die Augen geschlossen,
Im dreifachen Sarg,
Sehe ich den Weißdornhügel,
Von seinem Licht umflossen,
Und, wie es sich von ihm löst,
Mein Haus, die Arche,
Auf dem breiten Tale schwimmend
Das wiederum ein See ist
Wie vor Tausenden von Jahren.

Im Süden

Liebe Annette,

vielen Dank für Deine Briefe! Von dem Paneuropa-Kongress
hatte ich nichts andres erwartet. Ich finde derartige Veran-
staltungen allmählich komisch. Dieweil die Geschäftshuber
beisammen sitzen und schön reden, geht der Sensenmann um,
und keiner will ihn sehn.

Ich möchte, ich könnte ewig hinter dem Vorhang bleiben,
der in der Linie von Valence dieses elementare Sonnenland
vom Reich der Nibelungen abschließt. Sag mir nicht,
es sei unsere Pflicht zu «helfen». So lange lebe ich nicht mehr,
als daß ich es für meine Mißion halten könnte, meine tiefsten
Instinkte, meinen wirklichen Glauben (an Licht und Wärme
und einfache Menschlichkeit) und meine höchste Lust
(Natur und Menschen zu gestalten) zu verleugnen und mich
mit der Dreßur toller Hunde abzugeben – wofür ich außerdem
nur wenig Talent habe. Dieses Tollhaus geht mich nichts mehr
an. Die Hälfte meines Lebens (und mehr) und den größten
Teil meiner Seelenkräfte habe ich vertan in einer Hoffnung,
die sich als trügerisch erwiesen hat. Um wirklich helfen
zu können, muß man dazugehören. Ich gehöre nicht dazu.
Und ich lasse mir das Gegenteil nicht mehr einreden.

Wenn es hier windet, dann ist es Sturm. Ist es still und scheint
die Sonne, dann glüht die Erde. Die Sprache der Menschen,
ihr Wesen ist gewachsen wie der Olivenbaum und die Rebe,
von einer großartigen Demut, die aber gar nichts von sich weiß,
als daß sie nichts andres ist als alles Leben unter der Sonne.
Und wenn sie sich eitel geben, sind sie wiederum nicht anders
als der Oleanderbaum, der sich mit seinen Blüten schmückt.

—

So kommt es, liebe Annette, daß ich Dir zwar stundenlang von dem erzählen könnte, was meine Augen sehn und mein Herz fühlt, aber auch von den Menschen nichts andres. Es ist gar nichts los hier. Ich lese längst nicht mehr, was Herr v. Papen zu melden hat, selbst nicht in der simplen Verkürzung des «Petit Provençal». Ich habe den Hochmut des armen Mannes, um den sich im Ernst niemand kümmert, und der dafür die Genugtuung genießt, ungestört zu bleiben.

Ich arbeite, lese, denke vor mich hin, rolle durch das königliche Land, das so wenig im Stande ist, Snobs hervorzubringen, wie seine Olivenbäume Glasperlen, und fühle, wie ich langsam in seine Geduld und seinen anspruchslosen Überschwang eingehe. Und warte, glücklich wie eine Frau, die ein Kind ihres Geliebten unterm Herzen trägt, wie das Wunder der Neugeburt sich erfüllen wird.

Du siehst, ich bin mit mir eins. Wenn ich an Badenweiler denke, so verspüre ich zwar gelegentlich etwas wie Heimweh, aber der Gedanke an Telefon, Radio und zeitgemäße Gespräche verfinstert den herrlichen Waldrand bis zur Unkenntlichkeit. Genau betrachtet, ist unser Waldrand doch nur ein Sprungbrett in den Süden. Ich weiß, es kommt die Zeit, wo ich mich nach einem richtigen, großen Wald sehnen werde, nach meinem Garten und dem Blick auf die Vogesen.

Auch dies kann ich abwarten. Ich habe keine Eile. Und so blöd, wie es war, wird es unter keinen Umständen mehr sein.

Ich habe dieser Tage Mussolini von Emil Ludwig gelesen. Ich empfehle ihn Dir als Abführmittel. Wenn Matthias dabei nicht die letzten Bandwürmer verliert, so ist ihm nicht zu helfen. Bei was für feinen Herrschaften hat diese Köchin gedient! Was hilft Dir Dein Nuntius und Barrère, wo der Emil

Päpste zitiert und mit Königen umgeht, als hätte er ihnen
Geld gepumpt, und Mussolini in Person begegnet wie etwa
Goethe dem Napoleon!

Lannatsch und Hans baden im Meer. Ich gehe jetzt die halbe
Stunde zum Strand und fahre dann mit ihnen nach Hause.
Leider haben wir in Sanary noch immer keine Wohnung
gefunden. – Arbeite, liebe A., arbeite gut und zuversichtlich
und laß es Dir gut gehn.

Herzlichst Dein

R.

30. XI. 32

Villa Ben Qui Hado   Sanary-sur-mer (Var)

Liebe Annette,

Brief und Karte soeben erhalten – vielen Dank!

Du bekommst bestimmt etwas. Und im nächsten Jahr sehr viel.
Seitdem ich am Mittelmeer bin, wimmelt es nur so von göttlichen Winken und Zeichen – wie sich's übrigens gehört
bei den Heiden. Ich habe in Toulon das Orakel für Dich befragt,
zweimal hinter einander – fabelhaft. Auch für mich steht's
nicht schlecht. Die Winterkampagne im Süden läßt sich also
gut an. Übrigens, aus reiner Koketterie hatte ich mir gesagt:
die erste Botschaft, die ich im Briefkasten dieses Hauses finde,
soll ihr Wort in die Sonne fallen lassen und gedeihen und blü-
hen. Es war Deine Karte aus Frankfurt. Und ein Brief aus Paris.
Welches Buch meinte denn Edschmid – die «Grenze» oder
«Himmlische Landschaft»? «Die Grenze», weißt Du, Annette,
wird einmal unter meinen «kleinen Schriften» stehn, die
«Himmlische Landschaft» aber in dem Band, der, wenn über-

haupt etwas von mir, meinem Namen Dauer verbürgt. Ob er nun «gefällt» oder nicht, verkauft wird oder liegen bleibt. So etwas weiß ich heute mit der letzten Bestimmtheit.

So lange es Elsässer geben wird, werde ich ihnen etwas zu sagen haben. Dies Land war *von je* der Punkt, wo das deutsche an das französische Herz schlug, der Geist der beiden Völker sich in Fleisch und Blut begegnete. Daß ich zur Verkörperung dieser Situation wurde, habe ich mir nicht, wie Barrès es von sich selbst zugibt, erschwindelt, sondern so bin ich geboren und gewachsen, und so werde ich auch sterben. Heute aber, das ist mir hier unten klar geworden, gibt es für mich etwas andres, viel Schwierigeres. Ich kann es Dir nicht mit einigen Worten sagen, obwohl es mich wie eine Vision überkam und in jenem Augenblick als die Einfachheit, die Wahrheit, die simple Notwendigkeit selbst erschien. –

Wegen der «Grenze» ist im Elsaß der Krach, der dort fast alle meine Bücher zu begleiten pflegt, schon in vollem Gang. Wenn es Dir Spaß macht, schicke ich Dir einen Leitartikel der «République», eines Blattes, das mein Verehrer Paul Valot aushält. Aber das alles liegt auf einer Ebene, die ich verlassen habe. [...] –

Ich lebe ganz regelmäßig, stehe früh auf, arbeite hauptsächlich vormittags, nachmittags nur kleine Sachen und gehe früh schlafen. Hinter dem Haus ist ein Pinienwald mit einer richtigen Kaffeemühle wie in Badenweiler. Dort laufe ich die «Pausen» zwischen der Arbeit ab. Doch wohne ich dem Sonnenuntergang gewöhnlich von der Terrasse des «Café de Lyon» aus bei. Im übrigen meide ich es immer mehr, weil es der Sammelplatz der deutschen Kolonie ist. [...]

Sei herzlichst gegrüßt und umarmt von Deinem

R.

Apokalypse und heiteres Nachspiel

Manchmal quälen mich schreckliche Vorstellungen. Dann will mir scheinen, es sei eine ‹Kraft›, ein kosmisch bedingter Akt im Gang, der sich auf Erden in unsrer Selbstvernichtung äußert. Ich sehe die ganze Erde militarisiert. Das Hirn wird auf den Menschen gedrillt. Die Wissenschaft setzt einen gewaltsamen Tod in die Welt, neben dem der alte Gevatter Sensenmann sich wie ein Spielzeug ausnimmt oder eine Botschaft von süßer Erlösung. Und wir alle arbeiten fleißig mit an der Fütterung des Riesenkindes, das uns alle erschlägt. Der Mensch wird wahnsinnig.

Da er sich, wie viele Wahnsinnige, kerngesund und nur in der Ausübung seiner höheren Fähigkeiten behindert fühlt, der Widerstand aber, dem er begegnet, ausschließlich im gleichen Geisteszustand andrer Kranken begründet liegt, so ergibt sich ein rasender Wettbewerb um eine vermeintliche Befreiung. In Ziel und Mitteln überall gleich, muß sie zum allgemeinen Untergang führen.

Die Maschinen unterwühlen die Städte, neue Städte von Maschinen wachsen darüber zusammen und beben vor Kraft und gleißen in Öl. Die Kontinente, meerumschlungene Massenaufgebote von Industrien, strotzen in tropischer Fülle von Maschinen. Die Menschen, zu Zwergen geworden, wimmeln an den Riesenkolben, einer beaufsichtigt den andern, sie sind nie mehr allein. Der Befehl zu töten steht über ihnen wie eine zehrende Sonne.

Langsam, unmerklich setzen die Ungeheuer sich gegeneinander in Bewegung. Die Zwerge verenden zu Millionen, aber täglich wächst Nachschub aus dem Samen, den sie auf dem langen Marsch verstreuten, und rückt, ungemustert, in die Kampflinie. Das dauert eine Weile, dann hört bei zunehmendem Kampf der Nachwuchs auf, und die letzten Menschen sind allein.

Und weil sie jetzt allein sind, ohne Heimat, ohne Familie, und ihre Sache auf nichts gestellt haben, vermeinen sie, das denkbar größte Opfer gebracht, den ‹Preis› bezahlt zu haben und des höchsten Sieges wert zu sein und also in nächster Nähe des mystischen ‹Zieles›.

Alles oder nichts! Der einzige sein, der die Macht hat, oder nichts sein! Die Bank sprengen oder mit ihr in die Luft fliegen! Mars regiert die Abschiedsstunde der Menschen von ihrer Erde. Die allerletzten noch heulen Triumph. Sie besitzen eine satanische Theologie und eine Philosophie, die den Menschen mehr knechtet, als es irgendeiner der begrabenen Götter je vermocht hätte.

Zum Glück bin ich der rechte Sohn meiner Mutter. Sie lachte gern und aus tiefstem Herzen. Wenn die Angst mich befällt und ich mit meinem innern Auge solche Schreckensbilder anstarre – im Augenblick, wo sie am gefährlichsten drohen, befreit mich ein Lachen. Es springt aus mir wie angebohrtes Wasser aus der Erde.

Als ich andern Morgens auf der Terrasse neben der Dampfschifflände am Zürichsee stand, unterhielt ich mich in heiterster Laune mit dem Glärnisch, Tödi und den Mythen, Vater und Söhnen, die neugierig in die Stadt hineinschauten, weil man alles heute so deutlich sehen konnte. Am Bristenstock glaubte ich einen ironischen Ausdruck zu erkennen, und ich verstand auch gleich, was damit gemeint war.

Dort oben hatte ich einmal auf dem Rücken gelegen, ein niedergeschlagener Boxer, und meine Begleiter mußten bis Tausend zählen, bevor ich mich langsam wieder aufrichtete. Es war meine erste Hochgebirgstour, und der alte Bristenstock hatte rücksichtslos zugeschlagen, obwohl ich Rekonvaleszent war. Im *Hirschen* zu Amsteg eingekehrt, mußten mir die Freunde viel Alkohol einflößen, bevor ich zugab, daß die Rundsicht vom Gipfel, wie im Reiseführer stand, in der Tat ‹großartig und sehr malerisch› sei.

Ich bin nicht nachtragend. Von der Terrasse am Zürichsee sehe ich ihn gern, den Bristenstock.

Einen andern Bekannten, das Stockhorn, in dessen Schatten ich einen Sommer lang gelebt, erblickte ich dann vom Ütliberg, dem Züricher Gipfelpark und Aussichtsturm.

Unter mir wob die Stadt an ihrem Sommermittagschleier, und als ich die Augen hob, hielt ich die ganze alemannische Landschaft in einem Blick zusammen. Sie lag eingebettet zwischen dem elsässer und badischen Belchen und dem Feldberg im Norden, dem Jura im Westen und den Alpen im Osten und Süden. Der Säntis hielt den einen Zipfel, das Land um den Bodensee. Die Jungfrau beherrschte die andre Grenze, das Berner Oberland. Hier an den Wänden aus Fels und Eis blieb die Grenze überdeutlich, dort konnten Jura, Vogesen und Schwarzwald, über Hügel und Bäche sich verlieren, sie schließlich nur noch locker an überblühten Gartenzäunen aufhängen.

Wo auf dem Erdenball findet sich, also im Kreis gelagert, eine ähnliche Fülle in gleicher Bewegtheit, in allen Höhen-

und Zwischenlagen, von der Stromebene herauf zum ewigen Schnee! Wie unten im Tal Licht und Wasser an der Sonne spannen und eine gleiche Stunde die weite Landschaft in den Armen hielt, so fügten sich mir Unrast und Vielfalt der Empfindungen, die fliegenden Fäden der Erinnerungen und Wünsche zum Kranz, ich trug ihn vor mir in den gesenkten Händen, er wog leicht wie dieser Sommertag, und die geweitete Brust war lauter Mitgefühl.

Schlimmeres als Krieg

Sanary-sur-mer (Var)
«Le Chêne» 29.2.34. (?)

Lieber, verehrter Thomas Mann,

seien Sie, bitte, nicht ungeduldig – ich muß Sie plagen wegen
Ihres offenen Briefs an die (nun auch längst dahingegangene)
Wiener «Arbeiterzeitung». Es vergeht kaum ein Tag, an dem
ich nicht angezapft werde, und schließlich muß ich doch
wenigstens die wichtigsten Aktenstücke dieses Prozesses kennen. Ich schicke Ihnen Ihre Äußerung sofort zurück.
Heute erhielt ich (über den Graf Kessler) einen Brief aus
Moskau. Ich lege ihn bei mit der Bitte um Rückgabe. Es ist der
fünfte derartige Brief, den ich, jedesmal über einen andern
Mittelsmann und jedesmal von einem andern Absender,
aus Moskau erhalte. – Haben Sie die Grabrede der *Komintern*
auf die Wiener Arbeiterschaft gelesen? Sie hat wirklich nichts
gelernt und nichts vergessen. (Ein Auszug dieses nieder-
trächtigen Sermons stand in No. 8 der «Neuen Weltbühne».)
Man hat mir ernsthafte Vorschläge für die Neuherausgabe
der «Weißen Blätter» gemacht. Sie gehn von Hugo Simon
aus. Er meint, die materielle Basis sei verhältnismäßig leicht
zu beschaffen. Darüber hege ich einige Zweifel. Annette
Kolb schrieb mir aus Lugano, daß Hesse unsern Standpunkt
«unbedingt» teile. Vielleicht wird es doch allmählich nötig
werden, ihn an Hand einer Zeitschrift *theoretisch und praktisch*
zu begründen? Zusammen mit Franzosen und Engländern,
die sich durch ihre Werke und gelegentlichen Äußerungen
als unsere natürlichen Verbündeten erweisen.

Die «Sammlung» würde durch die neuen «Weißen Blätter»
nicht «genieret» werden – im Gegenteil.

Ihre Gattin warf in ihrem Brief an meine Frau die Frage auf,
ob es nicht noch Schlimmeres gäbe als den Krieg. Ich meine:
Nein! Es gibt tatsächlich nichts Abscheulicheres als den heutigen Krieg. Er verwandelt einen Erdteil in ein einziges Konzentrationslager, auf das überdies Pech und Schwefel regnen.
Aus den immerhin noch zählbaren Greueln, die uns heute
schon den Schlaf rauben, wird ein Dauerzustand *unabsehbarer
Gewalt*. Ganze Generationen würden «auf der Flucht»
(nach vorn) «erschossen», und was die Juden anlangt – nein
da ist es doch klar, was mit ihnen geschähe. Die Hälfte würde
bei Kriegsausbruch beseitigt, der Rest nach der ersten
Niederlage. Das erste Mal wäre es eine «vorsorgliche Maßnahme gegen die Wiederholung des Dolchstoßes von hinten»,
das andremal die «Strafe für erwiesenen Verrat».

Frau Katia hat sich das alles bestimmt nicht vorgestellt!

Wollen Sie sich wirklich in Florenz niederlassen, unter dem
«geringern Übel»? Ich glaube es noch nicht.

Sollen wir uns nicht in oder bei Nizza für Sie umsehn?

Das Haus, das wir gemietet haben, kostet jährlich 6750 frs –
mit 8 großen Räumen, Zentralheizung und allem andern
Komfort. Auch die Lebensmittel sind um 30 – 50 % billiger als
in Sanary. «Nähere Auskunft erteilt Frau Anna Schickele»,
die ja Ihre Gattin vermutlich auf ihrer Rückreise sehn wird.

Herzliche Grüße

Ihres René Schickele

Ein Troubadour

Von Klabund geträumt. Er stand am Spielautomat im Kurhaus Davos, schmal, blaß, mit Hornbrille und schüchternem Lächeln. Er steckte einen Franken hinein, drehte den Hebel, und eine Menge Silberstücke rasselte in die gußeiserne Muschel. Er griff sie alle mit einer Hand und zeigte sie mir. Sein Lächeln verschwand, und das Gesicht wurde schwarz vor Trauer.

Ein Troubadour, ewig verliebt bis zur Besinnungslosigkeit. Zuletzt verdiente er viel Geld. Er streute es um sich. Wenn er nicht Liegekur machte, saß er im Kurhaus und las stundenlang Zeitungen. Er suchte in den Theaternotizen nach dem Namen seiner Frau. Zwischendurch tanzte er. Immer ein wenig abwesend – mit einem Lächeln, das um Entschuldigung zu bitten schien. Die Besitzer der Pension *Stolzenfels* (ein Zürcher Rechtsanwalt und seine Frau) lebten in der Erwartung seiner Ankunft. Er kam zweimal im Jahr auf einige Wochen, viel zu kurz.

Die übrige Zeit lebte er wie ein Gesunder, der über unverwüstliche Kräfte verfügt. Nach seinem Tod verkauften die Besitzer die Pension und zogen wieder nach Zürich.

Die *Davoser Revue* widmete mir eine Sondernummer. Von den mehr oder minder gewichtigen Beiträgen erfreute mich am meisten die Reimerei, die Klabund beisteuerte:

À René · Für Schickele

Bonjour guten Tag
Coup de feu ein Schlag
Un cœur ein Herz
La douleur der Schmerz.

O Eiffel! La tour!
O Liebe! L'amour!
Nach Berlin! À Paris!
Aujourd'hui oder nie.

Mon peuple mein Land
La main! Gebt die Hand
Übern Rhein Euch – le Rhin –
Ach endlich! Enfin!

Er «dichtete» das, während er tanzte. Jedesmal, wenn er an mir vorbeikam, sagte er mir einen Vers.

Schön ist die Jugend

Ein geistreicher Franzose schrieb kürzlich, es sei das Zeichen einer hohen Zivilisation, wenn man in einer Gemeinschaft lebe, deren Gesetze und Ansprüche keinen größeren Druck ausübten als die uns umgebende Luft. Ein gutes Wort, obwohl kein Zweifel besteht, daß eine solche Leichtigkeit immer nur von einer bevorzugten Minderheit empfunden und genossen wird. Er sagte weiter, dies sei der Zustand Frankreichs und anderer Länder gewesen, bevor der Krieg das Glück zerstört habe, und nun käme es wohl nie wieder.

Schön ist die Jugend – aber nur für uns kommt sie nicht mehr. Und ebenso jenes angeblich für immer entschwundene Glück, dem jede Generation nachtrauert. Die Kinder, die im Krieg und in der Inflation aufwuchsen, werden in zehn oder zwanzig Jahren die Entbehrungen und Schlimmeres vergessen haben und mit Rührung an eine Zeit zurückdenken, die sich an Abenteuerlichkeit, Buntheit und Heftigkeit der Wechselfälle mit wenig andern Epochen vergleichen läßt. Sie werden behaupten: mit *keiner andern* ... Und doch hat schon vor mehr als hundert Jahren Talleyrand das oben angeführte Wort seines Landsmannes vorweggenommen, als er versicherte: wer nicht das Frankreich vor 1789 gekannt habe, der wisse nichts von der *douceur de vivre*. Was aber die Dramatik eines Zeitalters anlangt, will ich mich begnügen, an Lamartine zu erinnern, der im Vorwort zu seiner *Histoire de la Restauration* feststellt, daß er kaum die Hälfte des Lebens überschritten und bereits unter zehn Herrschaftsformen oder zehn verschiedenen Regierungen gelebt und von der Kindheit bis zur

Reife zehn Revolutionen beigewohnt habe, als da sind: Konstitutionelle Regierung Ludwigs XVI., erste Republik, Direktorium, Konsulat, Kaiserreich, erste Restauration von 1814, die Hundert Tage (nach Napoleons Rückkehr von Elba), zweite Restauration von 1815, Regierung Louis-Philippes, zweite Republik: «zehn Katarakte, mit deren Hilfe der moderne Freiheitsgeist und der Geist des Stillstandes und des Rückschritts abwechselnd den Versuch machten, im Gefälle der Revolutionen vorwärts zu fahren oder zurück».

Schön ist die Jugend, schön und einzig, mögen ihr blutige, mögen ihr friedliche Sterne geleuchtet haben.

Um die Fünfzig herum beginnen sich Kindheit und Jugend zu verklären. Die Franzosen haben dafür das bezeichnende Wort: *retour d'âge*. Der Mensch, der die Höhe des Lebens überschritten hat, kehrt zurück ... Und für Staatsmänner, Schriftsteller und Künstler wird es Zeit, an die Memoiren zu denken.

Je nach Veranlagung bindet sich der eine Flügel um, der andere nimmt die Krücke, die Sprache bietet eines so gut wie das andre. Dann ziehn sie los, teils als Skalpjäger – das sind meistens Politiker, teils als Robinsone – das sind die ewigen Knaben, die sich beruflich in Dichtung und Wahrheit auskennen. So einer beginnt dann, nachdem er (hinterdrein) als völlig überflüssige ‹Entschuldigung und Rechtfertigung› den Vers Mussets: «Ce livre est toute ma jeunesse» an die Spitze gesetzt hat, etwa folgendermaßen:

«Unlängst drangen, mitten in Paris, in der Avenue de Mac-Mahon, Töne an mein Ohr, die einen großen Zauber enthielten: ehe mein Bewußtsein sie noch registriert hatte, lag, von ihnen heraufbeschworen, das Land meiner Kindheit im hellsten Sonnenlicht vor mir, meine liebe Heimatstadt mit den vertrauten Straßen und Gassen. Dann erst ward ich gewahr, welche Magie im Spiel gewesen war. Eine kleine Herde zottiger Pyrenäenziegen trottete an den Häusern entlang, und ihr Hirt, ein Mann mit braunem Blick und Baskenmütze, entlockte seiner Pansflöte eine einfache Weise, die mir unendlich süß erschien, weil ich sie im zarten Alter so oft vernommen hatte. Denn auch durch Metz zog in der warmen Jahreszeit tagtäglich der baskische Hirt mit seinem Ziegentrupp und lockte mit seiner Schalmei, und die *commères* traten aus den Haustüren und hielten einen irdenen Topf unter die prallen Euter, und schäumend schoß die Milch in das Gefäß … Dann vernahm man aus der nächsten Straße und aus immer weiterer Ferne, verklingend, verwebend, ersterbend, das Gedudel der Hirtenflöte.»

Wie gefällt das dem Leser? Mir gefällt es mehr, als ich schicklicherweise sagen darf – bin ich doch mit dem Verfasser befreundet und überdies in dem Buch (Hermann Wendel: *Jugenderinnerungen eines Metzers*, Strasbourg, Librairie de la Mésange) unter Toten und Lebendigen zwei Sekunden lang leibhaftig zu sehn, umflittert und umwittert vom Glanz einer Jugend, die mir, daß ich es gestehe, noch nicht ganz so glorreich erscheint wie dem geflügelten Freund. (Aber das kommt noch!)

Seit den Tagen meiner literarischen Anfänge, als ich mir dadurch Freunde gewann, daß erboste Kritiker mit meinem närrischen Zeug ihre Prosa verunzierten, predigte ich die Pflicht des Kritikers, den Autor unter allen Umständen zu Worte kommen zu lassen. Ich sehe darin eine Rückversiche-

—
116

rung, die sowohl der Anstand des Richters wie die Achtung vor den Schöffen oder Lesern gebieten.

Das Zitat hat nämlich zwei mögliche Wirkungen. Entweder belegt es und rechtfertigt das Urteil des Kritikers, oder es tut das Gegenteil und straft die autoritären Behauptungen Lügen. Da der Kritiker sich im allgemeinen dieser zweiten Möglichkeit gar nicht versieht, kann man ruhig von ihm verlangen, daß er sein Urteil belege, ohne damit seiner Würde zu nahe zu treten. Lieber eine Besprechung, die nur aus Zitaten besteht, als eine ohne Zitat.

Nun hat die Worterteilung an den Autor Grenzen, die zuweilen, wie in unserm Falle, leider nicht mit den Grenzen der Anerkennung übereinstimmen. Sonst würde ich gern noch eine Weile mit meiner schönsten Schrift aus Wendels Buch abschreiben. Man muß mir nach Kenntnisnahme der einführenden Takte glauben, daß es in dieser mozartisch beschwingten, wenn auch nicht immer pastoralen Musik so weitergeht bis zum Schluß, wo Hermann Wendel, einer von den acht oder zehn, die heute das beste Deutsch schreiben, und der obendrein zu erzählen versteht, als wär's ein Spaß und müheloses Beginnen, die ‹Hand mit dem hart klopfenden Puls› in das Wasser eines heimatlichen Flüßchens, der Seille hält, vermutlich um sich zu vergewissern, ob beide ‹Strömungen›, die seine und die der Seille, übereinstimmen, ungefähr so, wie der Musiker das Metronom benutzt.

Und dann geht er und wird Redaktor und treibt leidenschaftlich um in Wort und Schrift und setzt sich als jüngster Abgeordneter auf die Bänke des Reichstags, schließt Juli 1914 eine große Rede mit dem Ruf «Vive la France!» (was als Aufforderung zu einer friedlichen Verständigung mit Frankreich zu verstehen war), bleibt lange der Benjamin unter den Bonzen, schreibt im stets lichter werdenden Schatten der SPD ausgezeichnete Bücher, zuletzt den klassischen *Danton* und – Aber das steht natürlich alles nicht mehr in den *Jugenderinnerungen eines Metzers*. Endlich werden auch Wunderknaben (nicht ganz, aber doch bis zu einem gewissen Grade) Männer.

Und dann, kaum, daß man sich einmal ernstlich umgedreht, kehrt man zurück, kehrt man zurück in eine Stadt, wo eine kleine Herde zottiger Pyrenäenziegen an den Häusern entlang trottet und ein Mann mit braunem Blick und Baskenmütze seiner Flöte eine einfache, unendlich süße, weil von Heimweh trunkene Weise entlockt.

Schön ist die Jugend ... Warum sollten wir nicht ausrufen: wer nicht vor 1914 im Westen Europas lebte, der kennt sie nicht, die *douceur de vivre!* Der kennt sie nicht, Scherz, Satire, Ironie und tiefere Bedeutung eines gemäßigten Klimas! Der kennt sie nicht, die großen und kleinen Wunder der Gesittung! Und er kennt auch nicht den Glanz und das Elend und den Wahn eines Esels, den der Hafer sticht ... Vielleicht ist die heimliche Klage um die ‹verlorene Zeit› auch der Grund, warum Wendels Buch im Augenblick abbricht, da die große Katastrophe (die nicht die letzte zu sein braucht, die unsere Generation erlebt) ihre Schatten vorauszuwerfen beginnt.

Kinderglaube?

Ein Engel, hieß es, als wir Kinder waren,
ist unterwegs, der sammelt jeden Schmerz,
den bösen, ungerechten, unduldbaren,
und fliegt hinauf und rührt an Gottes Herz.

Und zu Musik wird einer Schande Name,
es trägt als Duft ihn jeder Wind,
und Traumgespiele, helle, wundersame,
gesellen sich dem Schmerzenskind.

Das plötzlich strahlt. Es sieht: die Himmel rüsten,
dem Qualverstummten Gottes Arm zu leihn ...
Ach, wär es wahr, sagt, wieviel Engel müßten
da heute wohl auf allen Wegen sein!

Le Retour

Avertissement

– N'essaie pas, conclut Langue-de-Feu. Même moi, ton ennemi le plus intime, j'en ferais une maladie de te voir tomber dans l'abjection ... Tourne ta prière en allemand, comme d'ordinaire et va te coucher.

– Pourtant, objectai-je, mes prières, je les faisais en français.

– Il y a longtemps de cela, mon vieux. Là-haut (il désigna un petit nuage qui naviguait dans l'azur) on a pris l'habitude de t'entendre parler allemand. Si tu changes de langue, on ne te reconnaîtra pas ... Alors, puisqu'il en est ainsi des dieux, qu'espères-tu des hommes?

Magie des mots

– Tu entends? me disait ma mère quand j'etais petit. Voilà la bonne-maman de la cathédrale qui te gronde parce que tu ne veux pas dormir ...

J'écoutais et mon impression n'était pas qu'on me grondait. Dans la voix profonde et lointaine je reconnaissais tout de suite une douceur crépusculaire d'aïeule. Je ne voulais m'endormir que quand elle aurait cessé de parler – et m'endormais longtemps avant ...

Le bourdon qui le soir, à dix heures, sonnait le couvre-feu, resta pour moi la grand'mère de la cathédrale. Une ou deux fois par an, on allait lui rendre visite. Le gardien nous la montrait installée au milieu de ses enfants et petits-enfants. En la frappant avec une clef il lui arrachait un frisson sonore. Nous la caressions du regard, nous n'avions pas la témérité de l'approcher.

Malheureusement, elle ne me parlait que par les rares soirées de juin où l'interminable ‹entre chien et loup› me rendait réfractaire au sommeil. (Le chien et le loup, je les sentais rôder autour de la maison, l'un, brigand, recherchant l'ombre, l'autre, gardien, marchant fièrement dans la dernière lueur du jour.) Je l'imaginais blottie dans un coin sombre de la chambre, petite et grosse, lourde de ses jupes du dimanche, baissant et relevant la tête au rythme de sa grosse voix ...

Elle était toujours là quand, plus tard, à l'exemple des grandes personnes, je prononçais: voici le ‹couvre-feu›. Je parlais ainsi par dignité, de fait je n'y croyais pas au couvre-feu. Je ne voyais pas quel feu on devait couvrir, à moins que ce fût la veilleuse dont nous usions dans nos chambres à coucher, mais qu'on allumait juste au moment où la grand'mère élevait sa voix. Le couvre-feu, ça devait être un de ces mensonges que les grandes personnes vous imposent d'autorité ...

Or, pendant les vacances de Noël mon frère aîné m'emmena dans une ferme des Hautes-Vosges. La cuisine qui servait de salle commune était chauffée en même temps qu'éclairée par une énorme cheminée à manteau comme l'on n'en trouvait plus dans nos villages. J'étais émerveillé! Installé près du feu, j'entrais en plein rêve. J'avais la curieuse sensation d'habiter un volcan des tropiques. Je regardais voltiger des oiseaux nains de couleur très vive, ils semblaient nicher dans la braise, et de temps à autre un flamant passait à travers la fumée et s'élançait dans la cheminée en battant des ailes ...

L'heure du coucher venue, la bonne femme qui nous hébergeait rassembla les cendres et en recouvrit les tisons. Elle le faisait lentement, avec soin, presque religieusement.

– Je couvre le feu, me dit-elle ...

La grand'mère de la cathédrale ne changea pas. Elle resta toujours la même grosse bonne-maman cachée dans un coin de la chambre. Mais à partir de ce moment, en remuant mélodieusement la tête, elle rassemblait les cendres et en couvrait le feu.

Le mot ne mentait plus.

Lors même que je croyais ne pouvoir vivre ailleurs, que la grande forêt me paraissait indispensable au bien-être de mes sens et de ma pensée, jamais la nostalgie du Midi ne m'a quitté. Tous les ans l'aventure des perce-neige se renouvelait.

En allemand les perce-neige s'appellent *Schneeglöckchen*: clochettes de neige. J'en avais un peu partout dans le jardin.

Quand par un après-midi maussade de février ou de mars je rentrais de la forêt, la bise tournoyant à ras de sol entre les feuilles de chêne cuites par la gelée, je voyais sonner humblement dans un coin des parterres les blanches clochettes bordées de vert, un vert transparent, trop frais qui se dérobait à l'emprise du soleil presque mortel en cette saison. Elles ne carillonnaient pas à toute volée comme les cloches de là-bas, elles se comportaient en méredionales: tintin-tintant, esquissant de petites secousses avec une grâce maigrelette et quelque peu effarée ...

Il n'en fallait pas plus pour que je fusse touché au cœur par la baguette magique. J'entendais le son grêle de quelque cloche villageoise du Midi et en clin d'œil, à travers la grisaille du jour, une immensité bleue m'envahissait comme si, par une déchirure, l'azur refoulé coulait en moi. Je croyais briller, rayonner ...

Le soir encore, je sentais comme une brûlure sur la chair.

Les injures de Langue-de-Feu

Sur le littoral méditerranéen, dans un petit port où j'écrivais mon roman de la *Veuve Bosca*, je fus rejoint par Langue-de-Feu et le Pompier, ainsi surnommé parce qu'il tenait un seau d'eau tout prêt pour éteindre le feu que l'autre mettait aux poudres. Aussitôt la discussion reprit.

– Te voilà, pauvre animal bilingue? s'écria Langue-de-Feu. Tu as la mine renfrognée des jours de fête! Ah! ces individualistes qui ne savent pas partager la joie du peuple! C'est-il parce que la tribu voisine a trouvé son messie? ... Hein? leur nouvel Évangile te paraît un peu corsé? Ils y vont un peu fort avec leurs psaumes et leurs chants? Guère aimables, les braves gens! ... Alors Orphée perdu dans la forêt vierge a foutu le camp? ... Finie, l'entente franco-allemande? Au diable, l'Empire de Charlemagne que nous devions reconstituer pour que le monde connût enfin la paix ... Comme si le monde, mon gars, en voulait de ta paix! ... Donc, cette fois, on ne t'a pas invité à monter sur le Sinaï pour s'enquérir de ton avis? ... Console-toi, ils le payeront, les bougres! ... En attendant il y a un dada à vendre, la gentille petite entente franco-allemande, la mignonne paix européenne.

Un soir (nous nous promenions près du petit port tout rose et nacré), il me demandait à brûle-pourpoint:

– Après avoir envoyé ta démission à l'Académie allemande, vas-tu entrer à l'Académie française? … On ne sait jamais. Les Alsaciens, ça change d'humeur comme une miss Europe … Et ça ne doute de rien … Avoue-le: ton bouquin que tu remâches, c'est-il-français?

– Peut-être bien, confessai-je. Mais en langue allemande.

– Oh! là! là! Voilà le bilingue mental qui pique dans le vice. Il fait l'amour français en allemand. Pas très propre … Tu as toujours été d'un naturel pervers (expression hybride elle-même), refusant l'ordinaire qui fait les gros ventres et les grandes œuvres. Pas mal … intéressant peut-être, mais ça ne procrée pas, ou à peine … Surtout ne pousse pas l'impudence jusqu'à renier Wotan et ta patrie spirituelle quoi que te chante cette mer nourrice d'Aphrodite … Continue tranquillement à prêter ton oreille aux grands sapins et aux chênes séculaires qui, la nuit, hurlent au massacre et à la rédemption du monde. (Il paraît que l'un ne va pas sans l'autre.) Tu es enrôlé là-dedans et tu le resteras … Suffit de te regarder. Toi, un Latin? sauf révérence, un boche en exil. Au moins, nom de Wotan, tiens-toi droit!

– Tout de même, s'indignait le Pompier, notre ami est Français. Son père, Alsacien, s'est battu pour la France, sa mère était Française, elle n'a jamais compris un mot d'allemand. Je ne t'apprends riens de nouveau?

– Mais, malheureux Pompier, tu ne t'aperçois donc pas que tu lèves le lièvre? Si le gosse a mal tourné, c'est la faute à sa maman! Pourquoi ne s'est-elle pas abstenue de mettre un futur poète au monde sous les baïonnettes prussiennes qui, hélas! n'étaient pas d'acier seulement? Pourquoi n'a-t-elle pas eu le courage de se séparer de lui et de lui faire passer les Vosges?

– Jamais! Jamais elle ne se serait séparée de moi, sans y être contrainte par la force. Elle avait perdu trois enfants en bas âge; le dernier venu, elle voulait le garder.

– Une Romaine, continua Langue-de-Feu imperturbable, n'eût pas hésité ... Et la faute commise, quand elle voit son fils attiré, hanté par la magie des mots, pourquoi n'améliore-t-elle pas l'ordinaire du parler? Hélas! elle ne se rend même pas compte qu'il perd pied dans la langue maternelle. Les années passent ... L'aliment spirituel, le grand train de la civilisation, il s'en nourrit là où l'on lui offre à manger, à l'école, dans les classiques allemands. La langue de Goethe devient pour lui une maîtresse exotique, charmante et difficile, enivrante dans son consentement, il l'aime, en jouit en sublime conquérant. Quelle aventure! ... Comment résister!

– Mais je ne trouve ça pas mal du tout, dit le Pompier.

– Oui, peut-être ... si le malheureux adepte des Allemands n'aimait pas tellement sa maman, Française intégrale, farouche ... Mais, cet amour aussi, c'est de la fièvre ... De santé délicate, pris entre deux courants d'air, il contracte une maladie qui empoisonnera sa vie ... Il s'en félicitera, l'imbécile; comme toute la gent artiste il savoure sa fièvre .. Bref, sa mère ne l'a pas couvé assez longtemps ... Et le voilà grandissant dans la tour de Babel, compartiment franco-allemand-alsacien, contraint de traduire dans un tête-à-tête embarrassé les gentils petits vers allemands adressés à sa mère en un français qui, bien entendu, a du plomb dans l'aile. Dis donc, franchement, ces traductions, un honnête petit-nègre, hein?... Ça ne devait pas l'éblouir, la maman.

Cette remarque vexe le poète moutard qui survit à ses aînés et reste le plus chatouilleux de tous.

– Montre-la-moi, la maman qui n'entend pas chanter les anges dans le balbutiement de son enfant. Est-il besoin de te dire qu'elle trouvait mon petit-nègre d'une pureté presque ineffable? Goethe, par contre, lui paraissait dur. J'avais beau lui en lire en me faisant tout miel de toute langueur. Naturellement elle ne jugeait que du son. Mais pour mon oreille à moi, ils étaient inouïs, sublimes, incroyables, les vers de Goethe, Mörike, Heine, Eichendorff, Gottfried Keller, Novalis! Et puis, je n'avais qu'à me baisser pour y découvrir des merveilles … Est-ce que la fraîcheur de ce premier amour se renouvelle jamais? C'était vraiment comme si je puisais de l'or dans le sable d'une source à l'Orangerie de Strasbourg … N'est-ce pas beau, maman, m'écriai-je … Elle me répondait par un mot fameux: Oui, mon petit, peut-être … pour les chevaux.

– Pas étonnant que, plus tard, elle ait pris ta carrière d'écrivain allemand pour une plaisanterie …, une bonne blague de collégien qui, toutefois, semblait réussir en pays barbare. N'a-t-elle pas toujours cru que tu étais entré à l'Académie par surprise, qu'on t'avait probablement confondu avec un autre? … Assez méfiante à l'égard des voisins, elle n'a jamais admis que ces gens t'aient reçu à leur table sans arrière-pensée. Assurément, ils voulaient te rouler, en tout cas t'enlever à ta maman … Toi, pauvre type, en t'éloignant d'elle de plus en plus, tu te persuadais du contraire. Quant à elle, la plus affectueuse, la plus fidèle des mères, elle était fière de son fils, non pas à cause de qualités que les autres prétendaient découvrir en lui, mais en raison de vertus qu'elle était seule à connaître… Peut-être était-ce l'unique manière de sauvegarder votre intimité …

– Chut, fit le Pompier. Voilà les gendarmes d'Ollioules qui

passent. S'ils te voient gesticuler et parler haut avec un accent qui n'a rien de corse, ils vont te prendre pour un bolcheviste authentique.

Langue-de-Feu malgré lui baissa la voix.

– Ecoute bien, mon Orphée indébochable! ... Il vaudrait mieux que tu ne saches pas le français du tout. Un étranger condamné à l'apprendre de toutes pièces aura dix fois plus de chance de s'en servir allégrement qu'un type comme toi qui a déserté sa langue maternelle, en gardant, dans tous les recoins de son âme, avec la rumeur d'une musique lointaine, la nostalgie d'un véritable bien-être, d'un naturel sans effort ni fatigue ... Il ne suffit pas de changer d'habitudes, il faudrait renaître.

– Admirons la prévoyance maternelle, dit le Pompier. Il s'appelle René.

Vive l'Alsace

In Rheinweiler stieg er aus und ging langsam über die Schiffbrücke. Der Rhein mit dem schmalen Steg lag auf dem Grund
eines hohen Frühlingsmorgens. Es war schon warm.

Der Hund Barry umsprang ihn mit großen Sätzen, ohne zu
bellen. Wenn Claus haltmachte, blieb auch der Hund stehn
und schaute sich um. Manchmal trat das Tier dicht an den Rand
der Brücke und schnupperte in das reißende Wasser, das einen
kühlen Hauch emporsandte.

Der Rhein, der Rhein!

Immer häufiger blieb Claus stehen, reckte sich, tief atmend,
spreizte die bloßen Hände, warf den Kopf in den Nacken,
senkte ihn lächelnd. Da klopfte sein Herz in der Schwebe zwischen Deutschland und Frankreich, mitten auf dem Rhein, der
ein heiliger Strom war, und trieb fröhlich das Blut durch den
Körper, und ihm war, als kreiste ein heller Schimmer davon
auch außerhalb seiner Leiblichkeit, viel, viel weiter, als die waa-
gerecht ost- und westwärts ausgestreckten Arme – von einem
Gebirgszug am Horizont zum andern!

Er spürte etwas von jenem silbernen Flaum an den Finger-
spitzen, wie er rings über ihm in der Himmelsbläue bebte, im
ganzen, weiten Raum bis zu den Höhen des Schwarzwaldes,
auf die er zurückblickte. Ja, auch dort, den schmalen Rand entlang zwischen Wald und Himmel, glomm und züngelte es
wie von einem Ätherbrand, der ein großes, mildes Werk voll-
brachte. Und auch im Strome selbst fuhr dies Seelenlichtlein
hin und her, tauchte unter und entflog wieder in die Bläue.

Gleich überkam ihn der alte kindliche Übermut, er sprach

für sich von ‹Pfingstzungen über dem Rhein›, von einer ‹Überrumpelung der Grenzen durch einen schönen Tag›, von der ‹Macht eines göttlichen Leichtsinns über die Zöllner›, stark und frisch fühlte er sich in dieser seiner Geheimsprache, deren allgemeine Wendungen ihm gewissermaßen ein Gefühl von Ewigkeit mitteilten, und als er schließlich zu den Büscheln jungen Grüns hinaufügte, wie auch die Pappeln auf dem elsässischen Ufer sie trugen, und die, bei völliger Windstille, einzig und allein vom Licht des Himmels zu zittern schienen, da riß er den Hut vom Kopf, schwenkte ihn und rief laut in den Morgen:

«*Vive l'Alsace!*»

«*Vive l'Alsace!*» ruft er, zum zweitenmal, und winkt mit dem Hut den drei Gestalten zu, die ihn auf einer kleinen Anhöhe über dem Damm erwarten, also drüben in Frankreich, und deshalb hat er auch französisch gerufen.

Epilog

Nicht nach Lorbeerkränzen sehn ich mich,
nur nach der Sonne.
Sie soll mir aus ihren Strahlen
eine Krone schweissen um die Stirn.
Dann werde ich auf meinem Berge stehn,
um den schon Götter kämpften und Vulkane tobten,
werd' in die Täler sehn und schauen,
wie der Same, den ich warf,
die heissen Blüten treibt –
froh, dass ich mich zum Kunstwerk schuf,
mein Leben zu dem Heldensange,
werd dann mein grosses
Danklied singen an die Sonne
und in einem neuen Julisturm vergehn,
der stärker ist wie ich und meine Liebe.

Nachwort

CHRISTIAN LUCKSCHEITER

Mit dem am 10. Mai 1871 geschlossenen Frieden von Frankfurt wurden große Gebiete des Elsass als sogenanntes „Reichsland Elsaß-Lothringen" Teil des Deutschen Reichs. Die Bevölkerung geriet damit endgültig in den Brennpunkt zweier höchst aggressiver, sich gegenseitig ausschließender Nationalismen. Es entwickelte sich ein Klima der Unfreiheit, der Verdächtigungen und Anfeindungen. So galten beispielsweise noch Jahrzehnte nach dem Deutsch-Französischen Krieg die Elsässer anderen Deutschen als fremd, unzuverlässig und feindlich gesinnt. Das zeigt u. a. eine Szene aus dem Ersten Weltkrieg, die Ernst Toller (1893–1939) in seinen Erinnerungen *Eine Jugend in Deutschland* festhielt: „Im Januar 1915 verlassen wir die Pfalz. Vor unserer Abfahrt hält der Hauptmann eine Rede: wir kämen zwar in deutsches Land, aber verdächtige Menschen wohnten dort, fast Feinde, vor denen wir uns in acht nehmen müßten, wir würden bei Bürgern einquartiert werden, aber wir dürften ihnen nicht trauen und müßten nachts die Stuben verriegeln und die Waffen bereithalten. Das Land, von dem der Hauptmann spricht, ist Elsaß-Lothringen, seit dreiundvierzig Jahren deutsches Reichsland."[1]

In dieses Reichsland wurde am 4. August 1883 René Schickele hineingeboren. „Meine Herkunft ist mein Schicksal", lautet eine vielzitierte Aussage in einer seiner biographischen Selbstauskünfte (vgl. S. 8). Weite Partien seines Lebens und Schreibens hat Schickele dem Ziel gewidmet, dass das Elsass als eigenständiger Raum etabliert und anerkannt wird, der weder in seinen deutschen, noch in seinen französischen, noch in seinen elsässischen

---

1 ERNST TOLLER: *Eine Jugend in Deutschland*. Stuttgart 2013, S. 57 f.

Prägungen aufgeht, sondern der sowohl französisch, als auch deutsch, als auch elsässisch (und noch von vielen Einflüssen mehr) geprägt ist, ohne dass eine dieser Prägungen der anderen überlegen oder vorzuziehen wäre. Damit machte er sich in der ersten Hälfte des 20. Jahrhunderts Feinde in Frankreich wie in Deutschland.

„Es geschah mir nicht selten", so Schickele in *Erlebnis der Landschaft*, „daß mir hüben oder drüben des Rheins, hier in meiner Heimat, das Aufenthaltsrecht bestritten wurde, nicht gerade polizeilich, aber moralisch" (vgl. S. 96). Geriet er nach Ausbruch des Ersten Weltkriegs als Elsässer im damals noch mecklenburgischen Fürstenberg, wo Schickele mit seiner Familie eine Zeit lang wohnte (vgl. S. 10), unter Spionageverdacht, so verdächtigten ihn nach dem Ersten Weltkrieg Franzosen, im Krieg, den Schickele größtenteils in der Schweiz als Herausgeber der *Weißen Blätter* verbracht hatte, für die deutsche Kulturpropaganda gearbeitet zu haben. Spätestens mit seinem Umzug nach Badenweiler Anfang der 1920er Jahre war er für viele Elsässer und Franzosen ein „‚boche' qui n'a pas voulu de sa patrie en 1918", wie Schickele 1934 festhält. 1927 wurde er im Zusammenhang mit dem sogenannten Autonomisten-Prozess in Colmar als notorischer Feind Frankreichs bezeichnet (vgl. S. 88). Auf deutscher Seite sah es nicht besser aus. In der Zeitschrift *Deutsche Treue* („Zeitschrift des Nationalverbandes Deutscher Offiziere") bringt ein (Pseudo-)„Sebastian Brant" am 6. August 1931 unter der Überschrift „Der Dolchstoß der Literaten" Schickele und die *Weißen Blätter* mit „Volksvergiftung" und intellektuellem „Zersetzungsprozeß" zusammen. 1935 wurden in Deutschland Schickeles Werke beschlagnahmt und verboten. In Frankreich wiederum wurde ihm der Exilantenstatus – er war 1932 nach Südfrankreich gezogen – abgesprochen. Pierre Fervacque schreibt 1934 in einer Rezension von Schickeles Buch *Die Grenze*: „Exile? Nullement. Il ne l'est pas puisqu'il est Alsacien et qu'il est en France." Nach seinem Tod 1940 in Vence war er bis in die 1980er Jahre im Elsass, wie der elsässische Literaturwissenschaftler und Schriftsteller Adrien Finck bemerken musste, tabu und von Verdächtigungen umgeben, im übrigen Frankreich und in Deutschland – trotz der von Hermann Kesten 1959 herausgegebenen dreibändigen Werkausgabe bei Kiepenheuer & Witsch – nahezu vergessen.

Die Grenze, die Frankreich und Deutschland trennte und vor allem das Elsass mit zum Teil bis heute noch spürbaren Folgen zutiefst spaltete, spaltete auch Schickeles Leben und Werk. Um von der Grenze zwischen den Ländern, Sprachen und Diskursen nicht zerrissen zu werden wie etwa die „treuen" Elsässer – „Spannen Sie einen Menschen mit Armen und Beinen zwischen zwei Pferde, jagen Sie die Pferde in entgegengesetzter Richtung davon, und Sie haben genau das erhabene Schauspiel der elsässischen Treue", heißt es in Schickeles Drama *Hans im Schnakenloch* – , um die Grenze zu kitten, ohne jedoch in lokale bzw. lokalpatriotische Verengungen zu geraten, nahm Schickele eine Ausweitung der Zuschreibungen des Elsass auf das Europäische hin vor: Zunächst dazu angetreten, das unter preußischer Kuratel stehende Elsass aus dem, wie Schickele es formulierte, „Pfuhl von Stumpfsinn" und der „intellektuellen Verseichung" zu ziehen, entgrenzte er sein kulturpolitisches Ziel auf die Synthese Deutschlands und Frankreichs in einem übernationalen Europa. Dabei sah er sich als Zwerg auf den Schultern von Riesen stehen, wobei das Bild in Schickeles Essaysammlung *Die Grenze* leicht modifiziert ausfällt:

„Ich für meine Person gehe mit der französischen Elite einem geeinten Europa entgegen, dessen Herzstück der deutsch-französische Bund sein muß und sein wird. *En avant!* Uns voran schreiten Genies wie Victor Hugo und Jean Jaurès [...]. So will ich denn wie ein kleiner elsässischer Meßbub hinter ihnen herlaufen und von Zeit zu Zeit ein wenig die Klingel rühren."

Es ist Schickeles unbestechliches, politisch manchmal geradezu unheimlich hellsichtiges, übernationales Denken, das einige seiner Texte über ein literaturgeschichtliches Interesse hinaus bis heute lesenswert macht. Vielleicht war er kein begnadeter Schriftsteller – er selbst kam sich als Dichter zumindest „fragwürdig" vor, wusste um seine erzählerischen Schwächen. Und schon vor 40 Jahren stellte Friedrich Bentmann im Vorwort zu seinem der Schickele-Forschung bahnbrechenden Buch *René Schickele. Leben und Werk in Dokumenten* – es erschien als Jahresgabe der Literarischen Gesellschaft Karlsruhe – die Frage, inwiefern Schickele den ‚heutigen‘ Lesern noch etwas zu sagen habe:

„Sein Stil, so unverkennbar er die Handschrift eines genialen Temperaments verrät, spricht den [...] Leser in seiner enthusiastischen, oft lyrisch gefärbten Diktion, in seinem expressionistischen oder impressionistischen Charakter nicht mehr in gleicher Weise an wie seine Zeitgenossen".

Das dürfte sich inzwischen kaum geändert haben. Heute steht sein nicht zuletzt von Vitalismus und katholischem Erlösungsdenken geprägtes Kunstideal noch ferner. Eine im „Geist des Grotesken" (vgl. S. 18) geschriebene Literatur, in der nicht selten das Dämonische herrscht, scheint unzeitgemäß, manche Stelle wirkt beinahe peinlich – insbesondere Schickeles Geschlechterbild, in dem Frauen beispielsweise, wie im Roman *Die Flaschenpost*, den

Geschmack von überreifen Trauben annehmen können, die man über ihre Zeit am Weinstock beließ, damit sie das Höchstmaß an Süße in sich versammeln – von „brütenden Weibchen" zu schweigen. Doch Schickeles ab etwa der Mitte des Ersten Weltkriegs von Pazifismus wie von sozialistisch-demokratischem und europäischem Denken bestimmte Essays, Briefe und Tagebuchaufzeichnungen sind von bleibender Bedeutung. Neben seinen Ansichten zur elsässischen Situation sind dabei vor allem auch seine auf dem Ideal absoluten Gewaltverzichts basierenden politischen Überlegungen hervorzuheben. Von zeitloser Schönheit sind die wiederkehrenden Landschaftsschilderungen der Oberrheinebene und der Provence. Die ihm von Ludwig Marcuse attestierte höllische Klugheit, seinen großen politischen Scharfsinn zeigen besonders die von Annemarie Post-Martens 2002 edierten *Blauen Hefte*, Schickeles Tagebücher aus den Jahren 1932/1933. In ihnen hat er u.a. die politische Situation in Deutschland, die ungeheure Niedertracht und mörderische Gewalt der Nazis mithilfe von kommentierten Zeitungsausschnitten festgehalten. Dokumente des Grauens.

„Meine Freunde rühmen mir Verständnis für die Politik nach, manche reden sogar von einer hellseherischen Begabung … Nun, das kommt einfach daher, daß ich ein Tierfreund bin. Von meinem geschärften Auge für das Animalische kommt das, […] von einer […] ununterbrochenen Teilnahme am Leben und Treiben der Tierwelt", schreibt Schickele in seiner Essaysammlung *Wir wollen nicht sterben*.

Weg von der Bestie, hin zu einem neuen Menschen: Im „Jahrhundert der Gewalt" hatte Schickele mit seinem Eintreten für eine politische Gemeinschaft, in der niemand Macht und Gewalt ausübt – „verflucht sei, wer beherrschen will" heißt es bereits in seinem Gedichtband *Weiß und Rot* (1910) – keine Chance, breiteres Gehör zu finden, wie auch die Idee eines völkerverbindenden Europas in der ersten Jahrhunderthälfte noch chancenlos bleiben musste – die Klingel des kleinen elsässischen Messbuben wurde überhört. Schickele, von Krankheit und psychischer Qual gezeichnet, resignierte.

In *Blick auf die Vogesen*, dem zweiten Band seines Hauptwerks, der Romantrilogie *Das Erbe am Rhein*, sind die Elsässer der lebende Vorwurf, „daß Deutschland und Frankreich in Unfrieden leben, der lebende Vorwurf ihres Haders, der lebende Vorwurf des ewigen Kriegs in Europa!" An diese Feststellung wird ein Rat geknüpft:

„Wie wär's, ihr Narren, wenn ihr euch zum Bessern kehrtet [...], wenn ihr erklärtet: das Land zwischen Schwarzwald und Vogesen ist der gemeinsame Garten, worin deutscher und französischer Geist ungehindert verkehren, sich einer am andern prüfen und die gemeinsamen Werke errichten, die neuen Denkmäler Europas – dies ist der Tempel unseres ewigen Friedens?"

In seinem letzten, einzigen französischsprachigen Buch, *Le Retour*, zeigt sich das als paradiesischer Garten imaginierte Elsass jedoch als militärische Festung: „En passant par l'Alsace je distinguai partout les traces de grands travaux de fortification. J'avais l'impression que la terre même se mettait fiévreusement en état de défense." Ein Brief an Thomas Mann vom 18. Januar 1940 beschreibt nicht mehr den ewigen Frieden, sondern den „Welt-Bürgerkrieg". Kurz vor seinem Tod am 31. Januar 1940 hat Schickele alle seine Ideale vernichtet gesehen. Es war ihm nicht vergönnt, wenigstens die Ansätze einer deutsch-französischen Freundschaft und einer Europäischen Gemeinschaft noch mitzuerleben; es war ihm auch nicht vergönnt, wie seine Vorfahren zum Mutziger Weinberg oder zu seinem Wald oberhalb Badenweilers zurückzukehren. Dabei wird kaum einer dieser Vorfahren die Oberrheinebene, sei es das Elsass, sei es Baden(weiler), vergleichbar geliebt haben wie René Schickele. So lässt sich kaum ein traurigeres Ende denken als der Schluss von *Le Retour*: „Je n'ai pas revu ma fôret."

Literaturhinweise

BENTMANN, FRIEDRICH (HG.): *René Schickele. Leben und Werk in Dokumenten.* Nürnberg 1974. (= Jahresgabe der Literarischen Gesellschaft Karlsruhe)

BILLETER, NICOLE: *„Worte machen gegen die Schändung des Geistes!"* *Kriegsansichten von Literaten in der Schweizer Emigration 1914/1918.* Bern 2005.

ERTZ, MICHEL: *Friedrich Lienhard und René Schickele. Elsässische Literaten zwischen Deutschland und Frankreich.* Hildesheim u. a. 1990.

FINCK, ADRIEN/ALEXANDER RITTER/MARYSE STAIBER (HG.): *René Schickele aus neuer Sicht. Beiträge zur deutsch-französischen Kultur.* Hildesheim/Zürich/NY 1991.

FINCK, ADRIEN/MARYSE STAIBER (HG.): *Elsässer, Europäer, Pazifist. Studien zu René Schickele.* Kehl u. a. 1984.

FINCK, ADRIEN: *René Schickele.* Strasbourg 1999.

KRAUME, ANNE: *„Hier entsteht das Pathos des Übergangs":* Das Elsass zwischen Deutschland und Frankreich bei Ernst Robert Curtius, Jean Egen und René Schickele; in: *Jahrbuch für Internationale Germanistik* XLIII, Heft 1. Bern u. a. 2011, S. 157–177.

MCGILLICUDDY, ÁINE: *René Schickele and Alsace. Cultural Identity between the Borders.* Bern u. a. 2011.

KOLB, ANNETTE / RENÉ SCHICKELE: *Briefe im Exil: 1933–1940.* In Zusammenarbeit mit Heidemarie Gruppe hrsg. v. Hans Bender. Mainz 1987.

MEYER, JULIE: *Vom elsässischen Kunstfrühling zur utopischen Civitas Hominum. Jugendstil und Expressionismus bei René Schickele (1900–1920).* München 1981.

POST-MARTENS, ANNEMARIE: *PAN-Logismus. René Schickeles Poetik im Jahr der „Wende" 1933.* Frankfurt/M. / Basel 2002.

POST-MARTENS, ANNEMARIE (HG.): *René Schickele. Die blauen Hefte. Edition und Kommentar.* Frankfurt/M. / Basel 2002.

SEUBERT, HOLGER: *Deutsch-französische Verständigung: René Schickele.* München 1993.

STAIBER, MARYSE: L'œuvre poétique de René Schickele. Contribution à l'étude du lyrisme à l'époque du „Jugendstil" et de l'expressionisme. Strasbourg 1998.

WAGENER, HANS: René Schickele. Europäer in neun Monaten. Gerlingen 2000.

WOLTERSDORFF, STEFAN: Chronik einer Traumlandschaft. Elsaßmodelle in Prosatexten von René Schickele 1899–1932. Bern u. a. 2000.

WYSLING, HANS/CORNELIA BERNINI (HG.): Jahre des Unmuts. Thomas Manns Briefwechsel mit René Schickele 1930–1940. Frankfurt/M. 1992 (= Thomas-Mann-Studien, Zehnter Band).

Textnachweise

(Mit einem Sternchen versehene Überschriften stammen vom Herausgeber.)

Berlin – Paris
Vossische Zeitung, 31. Dezember 1921, S. 2f.

Im Süden*
Brief vom 17.10.1932 und Brief vom 30.11.1932 (an Annette Kolb):
ANNETTE KOLB; RENÉ SCHICKELE. *Briefe im Exil: 1933–1940.*
In Zusammenarbeit mit Heidemarie Gruppe hrsg. v.
Hans Bender. Mainz 1987, S. 23–25 und S. 26–30.

Schlimmeres als Krieg*
Brief vom 29.2.1934 (an Thomas Mann):
HANS WYSLING UND CORNELIA BERNINI (HG.):
Jahre des Unmuts. Thomas Manns Briefwechsel mit René Schickele 1930–1940.
(= Thomas-Mann-Studien, Zehnter Band). Frankfurt/M. 1992, S. 55f.

Epilog
RENÉ SCHICKELE: *Pan. Sonnenopfer der Jugend.* Strassburg 1902, S. 87.

Die Geburt des Menschen
Die Weißen Blätter, Jg. 4, II, H. (5), Juni 1917, „Glossen", S. 252–254, S. 252.

Geistige Anarchie
Der Stürmer. Halbmonatsschrift für künstlerische Renaissance im Elsass, Nr. 3,
1. August 1902, S. 33–36, S. 33f.

Der Gläubige
RENÉ SCHICKELE: *Weiss und Rot.* Berlin 1910, S. 80.

Die Leibwache
RENÉ SCHICKELE: *Die Leibwache. Gedichte.* Leipzig 1914, S. 7f.

Prinz Karneval*

Der Stürmer. Halbmonatsschrift für künstlerische Renaissance im Elsass, Nr. 2, 15. Juli 1902, S. 25.

Sommernächte

RENÉ SCHICKELE: Sommernächte. Strassburg 1902, S. 7.

Vive l'Alsace

RENÉ SCHICKELE: Blick auf die Vogesen (Das Erbe am Rhein. Zweiter Roman). Berlin 1927, S. 339f.

alle anderen Texte

RENÉ SCHICKELE: Werke in drei Bänden. Hrsg. v. Hermann Kesten. Unter Mitarbeit von Anna Schickele. Köln / Berlin 1959.
Autobiographische Notizen (Bd. III, S. 837–840), Leben in Exzessen* (Bd. III, S. 1133 u. 1136f.), Pan* (aus: Der Fremde; Bd. I, S. 1020f.), Der Löwe von Belfort* (aus: Der Fremde; Bd. I, S. 1024–1033), Arme öffnen sich (aus: Schreie auf dem Boulevard, Bd. III, S. 287–292), Die Mädchen über Athen (Bd. II, S. 1083–1092), Stille Betrachtung nach den Zaberner Tagen (Bd. III, S. 988–991), Blick vom Hartmannsweilerkopf (aus: Wir wollen nicht sterben; Bd. III, S. 531–535), Rheinische Dichtertagung 1928 (Bd. III, S. 862–864), Triptyk (aus: Die Grenze; Bd. III, S. 632–643), Citoyen français und deutscher Dichter* (Bd. III, S. 1147f.), Der Neue Wein (aus: Himmlische Landschaft; Bd. III, S. 554f.), Erlebnis der Landschaft (aus: Himmlische Landschaft; Bd. III, S. 547–553), Apokalypse und heiteres Nachspiel (aus: Ach! Euer Schweizerland; in: Die Grenze; Bd. III, S. 677–679), Ein Troubadour* (Bd. III, S. 1097f.), Schön ist die Jugend (Bd. III, S. 898–902), Kinderglaube? (Bd. III, S. 267), Le Retour (Bd. III, S. 781–786).

Bildnachweis

MLO

Copyright © mdv Mitteldeutscher Verlag GmbH, Halle (Saale)
www.mitteldeutscherverlag.de

Gesamtgestaltung und Satz BUCHSTABE Helmut Stabe, Halle
Schrift Novel und Novel Sans von Christoph Dunst

Printed in the European Union
ISBN 978-3-95462-285-6 (Buchhandelsausgabe)

=